中华译学佑立传宇与

以中华为根　译与学并重

弘扬优秀文化　促进中外交流

拓展精神疆域　驱动思想创新

丁酉年冬月许钧撰　罗卫东书

中华译学馆·汉外翻译工具书系列

总主编◎郭国良 许 钧

翻译与传播

进阶手册

Advanced Handbook of
Translation and
Communication Studies

郭小春 著

ZHEJIANG UNIVERSITY PRESS
浙江大学出版社
·杭州·

宁波市鄞州区社会科学学术著作出版资助项目

宁波工程学院学术著作出版资助项目

前言
Foreword

　　翻译是古老而重要的语言服务实践方式。人类社会的发展，翻译的媒介作用功不可没。

　　国内外学者汉英互译（尤其是文学类翻译）研究著作非常丰富，翻译学已然成为一门显学。自20世纪80年代起，从王宗炎、刘重德、许渊冲等老一辈学者接续到新世纪方梦之、郭建中、屠国元诸教授，研究不断推进。从《翻译论集》（罗新璋、陈应年编，1984，2009）、《翻译概论》（许钧、穆雷主编，2009）到"外教社翻译研究丛书"，再到"全国翻译硕士专业学位（MTI）系列教材""外教社翻译硕士专业（MTI）系列教材"等，各翻译学丛书惠泽学林，国内学界的翻译研究薪火赓续，在研究力度、研究领域和研究层次上持续拓展。21世纪以来，外语教学与研究出版社和上海外语教育出版社分别引进的英文版翻译理论丛书——"外研社翻译研究文库"和"国外翻译研究丛书"把西方主要的翻译理论引介给国内的学者，给翻译研究和翻译学科的发展带来了巨大影响。

　　翻译学以文学翻译为研究焦点，逐渐兼及工程、外交、科技、商务、影视翻译等非文学领域。现有研究著作、论文的重点在翻译作品、译者研究、翻译史等层面，面对的读者群体以硕士生、博士生和机构专业翻译研究者为主；期望在翻译实践上得到具体指导的数目庞大的外语类本科生、高职生和一般读者并没有成为主要的目标读者群体。中国学界有关翻译实践的著作有《翻译研究》（思果，

2000）、《翻译新究》（思果，2001）、《翻译漫谈》（庄绎传，2015）、《英汉比较与翻译》（陈定安，2002）、《中国人最易犯的汉译英错误》（王逢鑫，2008）、《中国人最易犯的英汉翻译错误》（陈德彰，2008）等深受欢迎、出版多年的著作。此外，初涉翻译活动的翻译学习者人数庞大，但和汗牛充栋的翻译研究著作相比较，适合这一群体翻译学习需求的普及型学术出版物数量较少。

改革开放以来，经过40余年的全民学英语热潮，英语教育在我国得到了普及，英语成为我们日常生活中的常用外语。但是，一方面，社会语言生活中充斥着大量令人尴尬的英汉双向误译，翻译并没有随着英语的普及而发挥应有的作用。另一方面，翻译课堂教学中语法分析内容单一、枯燥，而翻译理论往往因为过于宏大而产生隔靴搔痒的无力感。翻译无论作为社会实践，还是作为语言服务，其社会意义和社会价值均大打折扣。

美国资深编辑简·伊赛（Jane Isay）把专家写的书分为三种：纯粹学术著作、学术与通俗兼具的著作和通俗著作。本书属于第二种，以传播学和翻译学交叉的研究视野，把翻译置于传播学理论中考察。这就是以翻译理论和传播效果理论指导翻译实践，显示出强烈的跨文化传播意识；以翻译实践为导向，把日常工作和生活中的非文学翻译实例作为主要讨论对象，面向本科生和一般翻译学习者；以培养学生的跨文化理解能力与国际传播能力为根本目标，用通俗的语言传达翻译是跨文化社会交往的传播理念。这也是本书最大的特点。

笔者的编写思路是：1. 以跨文化传播为思考的出发点，编写一本兼顾翻译学习、翻译研究的简明读本。2. 聚焦英汉互译的策略、技巧和外部影响因素，在翻译实例中介绍翻译理论、文体知识、美学修辞、文化差异、语言场景、社会语境、读者因素，以及传播目标、传播过程、传播效果等传播学知识，化繁为简，起到激发读者翻译兴趣，助力开阔翻译学习者思考视野，赋能翻译学习，整体提升读者的英语生活能力的作用。3. 为翻译实践、翻译研究提供翻译学与传播学共生互荣的理论视野。

本书强调翻译的对话性。翻译过程不是译者用译入语表达的单向过程，而是译者与原文以及原文作者对话的过程。翻译具有鲜明的对话性，体现在语言、文化、社会历史背景、交际语境以及翻译过程和结果等多个层面。只有读者理解、接受了的译文才是读者和原文的对话，才是传而致效的译文。对于翻译的考量，尽量以译文接受者为中心，以传播效果为主要衡量尺度，因为翻译是社会交往行为。

鉴于移动互联网时代时间碎片化与阅读碎片化特征，本书由160 则中英翻译和英中翻译实例引出的翻译传播短论组成。每则点评篇幅短小、文字简洁，其特点在于所有对于译文的点评不在周全，而在于重点突出，为学习者择译例要点指出翻译思路，凡有阅读，即可有效。通过对译例提供具体多维的翻译理据，拓展读者的翻译理性思维，形成翻译实践与翻译批评的互进共演。

每个案例均由原文、译文与评注三个环节组成，以译文读者为中心的翻译观为指导理念，在翻译学和传播学学科交叉的研究视野下研习具体情境中的翻译案例，展开翻译实例比较和评析，以提高读者的跨文化翻译和传播能力。为增强翻译场景，适当使用翻译实例图片，增加趣味性。对于进行译文对比鉴别的实例，一般采用【原文】【译文 1】【译文 2】【评注】的形式，有的甚至会给出多种译文进行对比，如【原译】【改译】。对于只进行译文评点、反思的翻译实例，一般采用【原文】【译文】【评注】的形式。凡在开头标注有 * 的译文均为存在明显语言错误、语用失误、传播无效的译法。为简洁叙述，【评注】中的例句默认先出现原文，对于后出现译文的情形，不再单独标出【原文】和【译文】。

贯穿本书的理念是，译者要有强烈的传播意识，运用传播学的视域理解翻译（尤其是翻译过程）及其可能产生的传播效果。翻译实例评析从理解语言本身出发，将语言表征世界、传达社会信息的功能联系起来反思译文。译者要站在读者的立场自问：我的译文充分表达原文的信息了吗？读者能理解译文所说的意义吗？我翻译得像用母语写作那样自然流畅吗？我的译文在不同文化间穿梭会不会有助于弥合误解、促进共识？

"有趣"是本翻译普及读本的首要编写原则，主要虑及翻译初学者的接受心理。本翻译普及读本的每一篇文章都尽量生动有趣，让读者在学习中体味跨文化翻译和传播的乐趣。社交媒体时代的到来，读者的时间和注意力呈现高度碎片化特征，因此每篇翻译实例的评析内容以 500 ~ 1000 字为基本长度，而且读者从任何一篇开始阅读都不影响理解。不同于研究论文，每一篇赏析中的段落尽量短小，以便于读者心理上易于接受。

"有识"原则强调翻译实例分析的理据性，通过运用跨文化传播理论对实例的点评，传递出译者的思路、欣赏的角度、传播效果或者社会情境的规约等要素。由此引领读者（译者）学会行与思结合、以思促行，强化传播意识，于举一反三中有效提高翻译自觉。"有识"原则延续了授人以渔的教育传播理念。

"有料"原则旨在突出本书言之有物的特点。翻译的理解和表达过程，必须与语言之外的现实世界联系起来，方能做到沟通世界。因此，翻译过程离不开译者的世界知识支撑。陆游《示子遹》云，"汝果欲学诗，工夫在诗外"。说到底，翻译是一门开放的学科，不能只在以语言为中心的学科内不停地转圈圈。相反，翻译是以语言为基础的社会交往行为，更要结合社会环境和世界知识（包括不同门类的学科知识和生活常识），打开视野，把译文写在大地上。翻译是跨学科的，借鉴其他学科的成果和视角研究翻译，会丰富、深化对于翻译学的认识，赋能翻译实践。翻译要有社会意义和社会价值，译文既要反映原文的客观信息，又要符合世界规律，读来简洁易懂，易于传播，进而为其他学科和社会贡献新知。

本书希望读者在学习翻译的同时体味到当下丰富火热的社会生活，并因此激发出学好翻译、做好翻译的内在动机。翻译必须和现实世界紧密联系在一起，才能体现出翻译的现实价值。

本书选取的翻译语料均来自真实的翻译实践。除了少量文学题材的翻译实例，其他语料属于非文学题材，包括商务、政务、体育、新闻、影视、娱乐、旅游、金融等不同社会场景。以非文学翻译为主的选材方式也符合当下非文学翻译成为翻译主流的社会语言生活现实。翻译已融入、弥漫在我们当下生活、工作的每一个角落。翻译即生活、生活即传播的探究方式有助于激发读者的翻译兴趣。

尽管人工智能的飞速发展使得翻译软件对于翻译工作者来说愈发便利，但是基于数据库的翻译软件仍然无法达到人类智力、想象力和情感的高度。所以，译者不会轻易为人工智能所淘汰，"人 + 翻译技术"而非"翻译技术 + 人"将是翻译的未来。翻译工作者仍将继续在全球经济、政治、文化、军事事务中发挥巨大的信息传输、情感表达和文化沟通作用。笔者非常认同戴锦华教授等的观点：

> 尽管"AlphaGo 之父"宣称在智能／智慧生命的意义上，人类已不拥有任何特权，一切"不过是多一种算法"，但我却依旧相信，文学艺术的原创、人类情感／情动、灵感、携带着献身与蒙难的激情等理性主义与理性之名从不曾驯服和涵盖

的、既有的脑科学亦无法解密的人类的创造力，是对弈机器的力量。不是在高雅／通俗二分的意义上，而是在新技术革命所改变的社会生态面前，我反而再度回归到艺术与原创一边。同样，在大量计算性、分析性、逻辑性的工作都转由人工智能承担的时候，我相信包含了人类自反、自省于其中的人文学会再度获得更为重要的价值和更为突出的意义。因为又到了"让想象力夺权"的时刻，而人文学的特权领域是想象力和梦想。当人工智能显现了近乎无限的解答问题的能力之时，提出问题再度成为关键。我以为，基于人类作为社群而不仅是种群的生命经验、社会生存经验来提出问题，仍是人类或许不可替代的能力所在。在这个意义上，可以说我保有某种乐观。[1]

本书是翻译教学的一项探索，凝聚了师生教学相长的艰苦而快乐的努力。衷心感谢各位师友，特别是何镇飚老师和郭玉屏老师，在写作过程中给我热忱指导和帮助，感谢责任编辑包灵灵女士的耐心和责任心。然而由于作者水平有限，书中任何舛误、不足，责任均在于作者本人。期望读者诸君提出宝贵意见。

1　戴锦华、王炎：《返归未来：银幕上的历史与社会》，北京，生活·读书·新知三联书店，2019，第 298 页。

目录
Contents

1 押韵

【原文】The best cure for the national economy would be economy.

(Ashley Cooper, British novelist)

【译文1】拯救国家经济的最好办法就是节俭。
【译文2】要拯救国家经济，最好的办法就是节俭。
【评注】

1）economy用作名词时是一个多义词，有"经济体制""经济状况""节俭"等意思。原文中第一个economy是"经济（状况）"之义，第二个是"节俭"之义。原文巧妙借用economy一词多义，并且以economy两次出现在句中产生的语音重复，达到留住读者注意力的"眼球经济"效果，写作手法颇为高妙。这就要求译者能够注意到原文的形式和美学特点，以追求译文的传播效果。译文以"经济"和"节俭"产生的近似押韵来追求与原文类似的美学效应。又如：

君子之交淡如水。

A hedge between keeps friendship green.

通过套用英文谚语翻译中文的箴言，加之between和green押尾韵，译文与原文表层意象不一致，但是从译文读者的理解、接受看，中英两句话都表达了"人和人之间保持适当的社会距离有助于维护友谊"的观念。如此译文借力省力，有利于不同语言的交际者相互理解对方的真实交际意图，可提高跨文化翻译的传播效果。

2）英文主语"The best cure for the national economy"既可以像译文1那样译成"拯救国家经济的最好办法"（增加动词"拯救"也符合中文里动词作定语的语言习惯）；也可以把主语拆开翻译，改译后的译文2采取后一种办法，原文中"for the national economy"是介词短语，做主语cure的定语，在译文中置于句首，做状语，表示目的，同时通过词性转化把for翻译为"要拯救"几个字。

同理，中译英过程中也可以把句子里的一部分动词转化为介词，有助于译文简洁表达：

我们要打疫苗预防病毒。

We need to be vaccinated against the virus.

译文以介词against代替原文动词"预防"，否则，还得考虑"打疫苗"和"预防"两个动词在英文中先后、主次等语法问题。介词有介词的用处。

2 语篇的信息结构

【原文】Chinese firms are becoming more comfortable places to work in as the English language spreads, other foreigners join and the culture becomes more cosmopolitan. It also helps that International-trained executives can name their price.

【译文】英语得到普及，各国人士纷至沓来，中国文化也变得更加国际化。受过国际化培训的高管也能决定自己的身价。

【评注】

从语篇角度看，原文有主题句，也有提供细节的句子发挥论据作用。原文围绕"Chinese firms are becoming more comfortable places"这一观点展开。如果说第一句话中as引出的三条理由是从外部环境介绍中国企业条件趋好的原因，那么第二句话是从企业内部而言的。

常见的段落结构原型是"主题句+论据"（主题句或先或后），即段落中往往是主题句和论据各自独立成句的。但是，此例原文的特点是主题句和部分论据融合在一个较长的主从复合句里面，余下的一句提供另一部分论据。原文的结构可谓于平常中见奇崛，凸显出作者的创造性来。这也是部分学生翻译过程中不能辨别清楚原文结构和主题的一大原因。

翻译课堂上不少学生也误会了"It also helps that International-trained executives can name their price"，把help误作及物动词理解了，结果就译出诸如"这也有助于接受过国际化教育的管理人员可以明码标价自己的薪酬""这同样使接受过国际化教育培训的高管可以定义他们的价值"等明显违背段落逻辑的错误译文。显然，译者没有注意到also和help两个词语的用法和在语篇中的作用。

字里有乾坤。几个常见的小词让译者在小沟里翻船了。起信号作用的副词also提醒读者："It also helps that..."这句话也是论证本段主题句的另一条论据，和前一句里as引导的从句在功能上是并列关系，解释中国企业对外籍员工而言愈加舒适的原因。动词help是不及物动词，没有宾语，意思是be of use to something（有用、有帮助）。词组name the price（开价）的翻译也是难点，此处的动词name意思是"说定、提到、决定"。依据上下文，原文最后一句中helps可以不明确译出，此句亦可译为"受过国际化教育的管理人员可以明确自己的薪酬要求"。

本例的翻译要点在于跳出原文的窠臼，译文通过调整信息结构，先拆分信息，再重新组合信息，让译文段落结构明确并且符合中文读者的阅读审美期待。

3 译者的读者意识

【原文】自古以来，中华文明在继承创新中不断发展，在应时处变中不断升华，积淀着中华民族最深沉的精神追求，是中华民族生生不息、发展壮大的丰厚滋养。

【译文】Chinese civilization has, since its early days, evolved and grown by drawing on its past achievement, exploring new ground and adapting to changes. It represents the profound pursuit of the Chinese nation and provides a rich source of strength for its lasting development.

【评注】

1）信息融合的翻译策略在本译例中多次使用，各自又有细节上的不同，主要体现在译文里如何处理中文多个动词的问题上。译文很有嚼头。

"在继承创新中"和"在应时处变中"合并为方式状语，by drawing on its past achievement, exploring new ground and adapting to changes，"继承""创新""应时处变"，一一道来，蕴含着深刻的中华文明生生不息的大道理。"不断发展"和"不断升华"合并，译成 has evolved and grown，"发展""升华"均保留，原文递进的语义逻辑仍然明晰。"生生不息"和"发展壮大"合并译为 lasting development；"生生不息"转化成形容词 lasting，修饰development（发展壮大），词性和句法功能均有所改变。信息融合，语言结构改变，但语义信息在译文仍然得以充分再现、保留。

2）中文是"高语境"语言，词语、句子的意义对于具体的语境非常依赖。"积淀"译为 represents，"是"译为 provides。

3）替代：译文中"中华民族"第二次出现时以代词 its 表达，是符合英文行文习惯的译法。

4）省略："精神追求"只用 pursuit 一词，准确。

5）译文将原文信息拆分为两句。第一句讲中华文明的发展原因，第二句说中华民族发展的影响。逻辑严密清晰，为译文读者着想，读者不喜爱才怪呢。

4 思维模式

【原文】Just as truly as eternal vigilance is the price of liberty, so is eternal industry the price of noble and enduring success.

【译文】正如要想拥有自由就得时刻保持警惕一样，要想取得伟大持久的成功，就必须坚持不懈地努力。

【评注】

1）意译：理解原文逻辑和深层含义，译文不受原文外在形式（"甲是乙"，判断句）限制。

2）eternal的不同译法："时刻保持""坚持不懈地"，与其译文中每次搭配的词语有关。

3）语序调整：eternal vigilance原文位于句首主语位置，译文后置，作谓语；the price of liberty原文里是名词，作（谓语的一部分）表语，译文里化身为条件复句的条件"要想拥有自由"。

4）price（"代价"，名词）的作用：在译文里充当"要想……就得……"条件复句结构，以体现原文的语气。

5）衔接手段：原文用just as从句类比，引出主句；还用代词so呼应从句的决断语气。译文则用比兴手法翻译，体现了原文的语义、语气。

6）词性转换：liberty（名词）译成动词"拥有自由"，success（名词）转换成动词"取得成功"，vigilance（名词）译成动词"保持警惕"，industry（名词）译成动词"努力"。

词性转换是中英互译常用的策略和技法，但体现的是不同民族的思维方式差异。英语善用名词，呈现静态特征，中文多用动词，更加动态活泼。例如：

A. She was motivated by a desire to help children.

她的动机就是想帮助孩子们。

（动词→名词：was motivated by→动机；

名词→动词：a desire to help children→想帮助孩子们）

B. Honesty is your best defense and offense.

以诚为本，进退无忧。

名词honesty蕴含了"做人诚实"这样的行为意义，才和后面的行为名词defense and offense（进退、攻防）形成呼应。所以，honesty翻译成动词"以诚为本"，your best defense and offense翻译成动词"进退无忧"。整句译文是省略了关联词的假设复句"（如果你）以诚为本，（你就能够）进退无忧。"译者的宏观思维统辖了具体的译法，自然进退有据。

5 为读者着想

【原文】国务院办公厅日前印发《关于推进医疗保障基金监管制度体系改革的指导意见》。《意见》要求，到 2025 年，基本建成医保基金监管制度体系和执法体系。要推进监管制度体系改革，建立智能监控、举报奖励、信用管理制度，完善社会监督制度。[1]

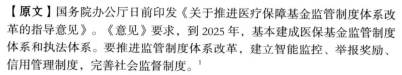

【译文】The General Office of the State Council has recently released a guideline, stressing the reform of the supervision system for the healthcare security fund. The supervision and law enforcement systems for the fund will be basically in place by the year 2025, read the document. Urging the promotion of reform, it requires building the systems for smart supervision, tip-off rewards and credit management, and improving the system for public supervision.[2]

【评注】

1）"《意见》要求"的"要求"是动词，有"规定、写到"的意思，译为 read，没按中文字面意思翻译，而依照英文的语言规范行文翻译，发挥了译者的创造性。"《意见》"用 the document，服从英文语篇规范，符合译入语读者的思维方式，降低了读者的认知负担，有利于译文对读者产生影响。

2）"建成"是结果动词，用表示状态的介词短语（起形容词作用）in place 与 be 共同来体现。

3）"社会监督（制度）"译为 (the system for) public supervision。其中，public 指民众、公众，符合原文意思。

4）可见，字面忠实不是翻译要坚持的理念。翻译不是自说自话，而是社会交往实践，译者须吃透原文的表层意义和深层意义，充分表达出深层含义，方能实现助力跨文化沟通的目的。

1　"每日一词｜医保基金监管制度体系 supervision system for the healthcare security fund"，2020-07-14，https://language.chinadaily.com.cn/a/202007/14/WS5f0d0390a3108348172592 df. html，2021-01-22.

2　"每日一词｜医保基金监管制度体系 supervision system for the healthcare security fund"，2020-07-14，https://language.chinadaily.com.cn/a/202007/14/WS5f0d0390a3108348172592 df.html，2021-01-22.

6 读者的语言习惯

【原文】要坚决查处医疗机构内外勾结欺诈骗保行为，建立和强化长效监管机制。[1]

【译文】We must punish insurance fraud by medical institutions and set up an effective long-term supervision mechanism.[2]

【评注】

人类作为一个文化群体具有相互理解和沟通的共同本性，但是不同民族之间还是有很大的文化差异的。中英文语言各具特点。为了追求跨语言、跨文化交流的最佳效果，译者应观照两种语言各自的组词造句规律，让译文符合译入语读者的语言习惯。

原文出自习近平在十九届中央纪委四次全会上发表的重要讲话。文体为正式的政治文本，虽然是无主句，但是语气严肃庄重。该译文按照英文的特点，增加主语we，以相同的文体体现原文的庄重语气；we又符合讲话的口语体语气。"长效"包含"长期"和"有效"两层意思，故翻译为effective and long-term。英译文中effective与long-term的语序与汉语中"长效"的语序相反，译者认为long-term比effective更接近supervision mechanism（监管机制）的本质。

此处，"长效"的翻译中，将"长"和"效"分别用英文词语表达出来。事实上，许多中文词语翻译时要理解该词语的语义重点在哪儿，不能总是如此对组成词语的每个单字平均用力，比如，"血汗工厂"对应的英文就是sweatshop，指工作条件恶劣而工资低微的小企业、工厂等，含贬义（a small business, factory etc where people work hard in bad conditions for very little money, used to show disapproval），没有"血"字参与表意。

另外，译文中有三个名词修饰名词的短语insurance fraud、supervision mechanism、healthcare security fund，其中insurance、supervision和healthcare security分别作为各自所在短语的定语，表示被修饰词语所涉及的范围。汉语中名词修饰名词的短语很多，翻译成英文时，译者需要留心理解短语结构中的逻辑关系，在译文中准确表达出来。比如：

新发展理念 new development philosophy

---

1 习近平：《习近平谈治国理政》（第三卷），外文出版社，2020，第548页。
2 习近平：《习近平谈治国理政》（第二卷：英文），英文翻译组译，外文出版社，2020，第635页。

大病医保 critical illness insurance program
医药卫生体制改革 reform of the medicine and healthcare system
健康中国行动 Healthy China initiative

其中，"理念"（philosophy）、"大病"（critical illness）、"医药卫生"（medicine and healthcare）、"健康中国行动"（Healthy China initiative）的英文用词和首字母大小写都有特定的含义，学习者应该仔细体会其中的意味。

7 语境的价值

请翻译下文中斜体部分的句子。

【原文】I had a curious collection of aunts. They all lived locally and each expected me to visit her at least once a fortnight. I therefore had a frequent opportunity to compare their individual eccentricities.

Aunt Helen was married to a clergyman, the vicar of a nearby parish. A conscientious but reserved man, the latter preferred the peace of his library to parish affairs and concerned himself mainly with church duties. It was Aunt Helen who ran the parish. With incredible efficiency, she organized charity bazaars and subscriptions, rebuked the erring, bullied committees and entertained a daily gathering of helpers, voluntary and conscripted, to tea, cake and instructions. It was she who gave me a bicycle for a Christmas present: I was in this way better equipped for her numerous errands. *She was an admirable woman, whom I take great pains not to resemble.*

【译文】她是一位令人钦佩的女性，可是我尽量不去学她那个样子。

【评注】

1）只要求翻译一句话，却给出该语句所在的两个段落，就是提供一个待翻译句子所处的语境。词语和句子的意义，只有在具体语境中才能准确理解。

2）原文的语言形式和语义是矛盾的，主句 She was an admirable woman 和非限制性定语从句 whom I take great pains not to resemble 置于句尾，语义上是转折关系，所起作用犹如相声中的抖包袱，出人意料而意味无穷。

文似看山不喜平。好的语言，峰回路转，柳暗花明，给人惊喜不断。这一点在上文语境提供的细节描述中表达得非常清楚，需要译者联系上文对整体情境加以分析，才能给读者提供准确的语言信息、事实信息和情感信息。

3）本句翻译运用了"加词法"翻译技巧，增加了转折连词"可是"。翻译不能机械地追求原文与译文之间的形式对等，译者需深入理解原文蕴含的逻辑关系，把原文意思和思想逻辑真实地表达出来，而且语言要有利于译文读者理解、接受，译文读者方能愉快阅读，译文方能产生持续的影响。

8 得体美

【原文】The heart is not conquered by force, but by love and tolerance.

【译文】人心不能凭武力征服，而要靠爱和宽容大度融化。

【评注】

1）本句英文以"not... but..."结构表达对比，语气肯定，不容置疑；动词一般现在时却表达一种事态趋势、可能性，翻译应体现这种语气。译文语气同样掷地有声。"译事三难，信达雅"，尤其对于"雅"众说纷纭，常有人理直气壮地质疑：原文是俗的，难道也非要翻成雅的不可？（俗的语言也有其美的一面，美是多元的。）其实"雅"应该是"话说得恰到好处、说得得体"[1]，就是美，就是规律性。下面两个翻译实例的汉语译文难道不美吗？

A. Employees who steal are dismissed automatically.

员工如有偷窃，一律开除。

B. Inventory aggregation is a good idea when inventory and facility costs form a large faction of a supply chain's total costs. Inventory aggregation is useful for products with a large value-to-weight ratio and for products with high demand uncertainty.

如果库存和设备成本占供应链总成本的很大部分，集中库存是一个很好的办法。对于价值重量比大的产品和需求不确定性高的产品，集中库存能派得上用场。

2）原文运用被动语态，译文巧用中文句式表达被动语气，而没有以"被"字行文。如果执着于"被武力（征服）""被爱和宽容（征服）"，译文则过于死板，不像中国人说的话。中文表达被动意义的词语手段相当丰富，值得细细咀嚼，具体场合具体应用。当然，中文"凭武力征服"和

---

1 林少华：《审美忠实与"捧金鱼"——我的翻译观和村上的翻译观》，《读书》2022年第5期，第75—80页。

"靠爱和宽容大度融化"这两个词组结构相似、语义对照，也增加了译文隐藏的话语力量。

下面的英语被动句用汉语主动语态无主句轻松译出，文体正式，文气通顺，符合中国人的语言使用心理。

The application will not be processed until the requisite fee is paid.

必要的费用付讫后，才会受理申请。

译者使用语言可以说是个体的社会行为，必然受到社会和文化语境的制约。译文语言（中文）遵从、反映的是中文的语言规范，并以规范的中文来传递原文所想传递的信息内容。原文的被动语态句式，未必就要原封不动地挪到译文语言中来。

让同学翻译"Fortunately, volunteers are not motivated by self-interest, but by altruism."，得到三种译文：

译文 1：幸运的是，志愿者们不是被自身利益而是被利他主义推动。

（×）

译文 2：幸运的是，志愿者的动机不是自利，而是利他主义。　（√）

译文 3：幸运的是，志愿者不是出于自身利益，而是出于利他主义。

（√）

显然，译文 1 被紧紧束缚在被动语态 be motivated by 里，不敢越雷池半步，不像中国话。其余两种译文吃透了原文的意思，译文 2 把动词的被动语态转化成名词"动机"，而用"不是……而是……"作关联词，巧妙地把原文里"not...but..."的对比逻辑也落实了，一举两得；译文 3 的动词"出于"实在是以主动语态替代被动语态的高招，颇为熨帖。

中文表达被动意义的词语手段相当丰富，值得细细咀嚼，灵活运用。略举几例如下：

an arranged marriage 包办婚姻

forced male bachelors 大龄未婚男性

The victim had been struck with some kind of wooden implement.

受害人遭到某种木器的击打。

I got a scolding from my teacher.

我挨了老师一顿责骂。

The mail is sorted out by hand.

邮件是人工分拣的。

9 弱动词

【原文】Healy received a deep cut on his left hand, courtesy of Nicole's ice skate.

【译文】因为妮科尔的冰鞋，希利的左手被划出了一道深深的伤口。

【评注】

从理解的角度看，原文的动词短语 received a deep cut on his left hand 语义重心在宾语 a deep cut 上，句子的谓语动词 received 只是个弱动词。

像这种含有弱动词的动词短语在英文中非常普遍，俯拾皆是，比如 pay a visit、have a look、make a living、take a seat、enjoy good health、have a bite of、sneak glance at、carry out reforms、suffer a loss、give publicity to、draw a conclusion、draw a comparison、make an improvement on something、accomplish the transformation of the society、conduct an examination of something、launch an attack against somebody、provide assistance to、succeed in doing something、suffer appalling injuries 等。

弱动词短语的语义重点在作宾语的名词上。

这一现象反映出英文擅长使用名词来表达意义，就是常说的英语是静态语言。英语中很多名词从动词变化而来，具有动态的含义，英译汉时常常需要把英语名词，特别是抽象名词，转换成汉语动词，原来的弱动词甚至不用翻译出来。

请看下面的例子：

A. Lord Irvine will strictly control the amount of publicity that can be given to a case before a trial begins.

欧文勋爵将严格控制案件在审判开始前的曝光量。

本句中 publicity that can be given to a case 出自弱动词短语 give publicity to a case，该弱动词短语不宜直译出来，而是通过意译，传达出 publicity 所蕴含的动词含义"公开、曝光、宣传"。

B. We recommit ourselves to the full realization of all the Millennium Development Goals, including the off-track, in particular by providing focused and scaled-up assistance to least developed countries and other countries in special situations, in line with relevant support programs.

我们再次承诺全面实现所有千年发展目标，包括尚未实现的目标，特别是根据相关支助方案，重点为最不发达国家和其他特殊处境国家提供更多援助。

下面句子中的suffer、breathe、get、are和succeed都是弱动词的例子。

She suffered appalling injuries.（她伤势很严重。）

We all breathed a sigh of relief when we heard they were safe.

（听到他们平安无事，我们都松了一口气）

You will get a free sight test if you are under 16.

（如果你不满16岁，可以免费检查视力。）

Street dentists are a common sight in Pakistan.

（在巴基斯坦，街头牙医随处可见。）

He persevered with his task until he had succeeded in collecting an armful of firewood.

（他坚持不懈去完成任务，最后找来了一捧柴火。）

翻译时需要把语义重心放在原文的宾语上，因为在这一类结构中，弱动词的语法意义大于实际意义，同时其宾语一般是含有强烈动词意义的名词。

本例原文句子形式上是主动语态，表示的却是被动意义（即：Healy received a deep cut on his left hand/ 希利的左手被划出了一道深深的伤口）。由此视角观察，译文别具一番趣味，又能加深对原文的理解。理解句子的深层含义，摆脱原文形式束缚，由此，译文会更加准确、达意，译文庶几可以沟通中外读者。

10 公示语

【原文】"先下后上　禁止拥挤"（地铁列车车门公示语）

【译文1】Please Yield to Alighting Passengers（西安地铁列车公示语）

【译文2】Let the passengers get off first（宁波地铁列车公示语）

【评注】

译文1之美，一句话概括，在于"得意忘形"，得（原文）"意"（义），忘（原文）"形"（式）。原文简短，因此指令和禁止合二为一。译文如果将指令和禁止分别译出的话，会很啰嗦；在移动性极强的地铁站、列车门口，冗长的公示语会影响实际接受效果，达不到指示交通、疏导人流的作用。译文1只表明该做的事，提纲挈领，很简洁，符合公示语的语用特点，适合该公示语的使用场景。

to yield to someone（为某人让路）是地道的英文表达法，符合英语母语者的思维方式、语用习惯。alighting passengers指"要下车的乘客"。yield一词是交通公示语中的常用词，如十字路口的"让行"标志牌的英文就是一个单词"YIELD"，言简意赅，道路使用者会瞬时理解交通指令，其效果远远胜过啰嗦的一个长句指令。

公示语翻译是一种跨文化的社会交往行动，是为了解决社会问题的行为，翻译的主要目的是进行跨文化交流。公示语翻译应该译文地道、简明扼要，才能发挥公示语的基本功能。"得意忘形"策略瞄准的就是公示语简明扼要，以言行事，影响受众行为的鲜明的功能特点。下列公示语的译文在标点符号和动词使用上都和原文有些不同（mind和watch意为"当心、留意、小心"），但译文对于中文受众的作用和原文对于英文受众的功用是一样的。

Mind Your Language! 使用文明语言！

Watch Your Language! 使用文明语言！

Watch your head on the low ceiling. 天花板很低，当心碰头。

西安地铁站台公示语[1]

宁波地铁站台公示语

11 公示语翻译

【原文】当心坠落（宁波机场候机楼公示语）

【原译】Caution, drop down

【评注】

1）公示语往往形式简短，是非明确，是语言生活中常见的语用形式。公示语翻译需要客观传达原语文本的真实意图，而且译文必须简洁易懂，

---

1 除非特别注明来源，本书中使用的图片均为作者自己拍摄。

易于执行。

2）这一条公示语英译是错误的。英译文"Caution, drop down"交代清楚中文警示的真实用意了吗？旅客到底是该提防从高处坠落的危险呢，还是该用力从高处坠落下去呢？

Caution如果是动词，用法则应是caution against something，原译文中逗号不知从何谈起？Caution如果用作名词，后面宜使用冒号，改译为"Caution: Falling Down Danger!"或者Caution单独占据一行，Falling Down Danger另起一行，醒目的版面，易于引起旅客（读者）的注意，提醒效果会更好。有实例为证：

加利福尼亚悬崖边的警示牌

（图片来源：John R. Gillis. *The Human Shore: Seacoast in History*, Chicago, IL: University of Chicago Press, 2012.）

3）建议译文：

Caution：Falling Down Danger!

Be Careful Not to Fall Down!

Beware of Falling Down!

《朗文当代高级英语词典》（第6版）对beware的释义如下：

[I,T only in imperative and infinitive] used to warn someone to be careful because something is dangerous [仅用于祈使句和不定式]谨防，当心，注意

[+of]

Beware of the dog! 当心有狗！

Beware of doing something

They should beware of making hasty decisions. 他们应该当心，不要做出仓促的决定。

Police warned drivers to beware. 警方提醒司机小心驾驶。

所以，beware 是"注意不做某件事"。"Beware of Falling Down"这个语块（多个单词构成的固定语言单位）形式上是肯定的，却包含了否定的意义，是"注意不要掉下去"的意思，符合原语文本"当心坠落"的提醒、警告目的。

翻译是跨语言信息交流，公示语翻译以信息准确、形式达意、口吻适宜为要旨。翻译无小事，连一个小小的标点符号都意义重大，不容马虎。

12 词语的转义

【原文】It **stormed** so hard that all the electricity went out.

【译文】风雨大作，全都停电了。

【评注】

英语中大部分词类的词语都有转义、派生义，如果运用恰当，会让言语表达丰富、灵动，让人耳目一新。对译者而言，巧用常见词语的转义应该是一项基本功、硬实力。

It **stormed** all that day.

暴风雨终日未停。

storm (*v.*)的本义是"（天气）起风暴；受暴风雨袭击"，派生义有"气冲冲地走""猛攻""（情感、反应的）爆发、迸发"等。

After a bit of an argument, he **stormed** out.

争执了几句之后，他就气冲冲地走出去。

Government buildings have been **stormed** and looted.

政府大楼已遭到猛攻和抢掠。

to weather the **storm** 渡过困境；闯过难关；经受住考验

Alan **stormed** out of the room.

艾伦怒气冲冲地冲出房间。

A storm of tears 泪水涟涟

A storm of bullets 枪林弹雨

A storm of applause 雷鸣般的掌声

A storm of indignation 愤怒的风暴

Wild thoughts were **storming** in her head.

各种各样的狂想在她脑海里翻腾。

He **stormed** at me for five minutes on end.

他"喷"了我足足五分钟。/ 他连续对我大吼了五分钟。

Their only hope of victory was **to storm** the enemy camp at night.

他们获胜的唯一希望是趁夜猛攻敌营。

stormy（*adj.*）的本义是 having or characterized by storm（有暴风雨的 / 有风暴的 / 有暴雪的），引申义是"像暴风雨一样；愤怒的"等。

Don't take the boat out in this **stormy** weather.

这样的暴风雨天气，不要把船开出去。

It is too **stormy** to sail today.

今天的暴风雨太大，不能航行。

Today's meeting was rather **stormy**.

今日的会议颇不平静。

He was in a **stormy** mood.

他当时情绪暴躁。

His parliamentary career was **stormy**.

他的议会生涯充满曲折。

He turned back and met her **stormy** eyes.

他转过身去，看到了她那双怒目。

在英语中，除了以上所示的名词、动词、形容词及副词的转义比较活跃之外，介词的转义也相当常见。下面的几个英文句子中 at、above 和 beside 等介词既有表示地理方位的本义，又有转义，言简义丰，于轻巧中刻画出立体动感的意象：

at（*prep.*）的本义是"on; near; in; by"（在……上；在……附近；在……旁边），转义则表示"在某地点附近做事"。例如：

Let's meet **at** the entrance of the station.

咱们在车站入口处见吧。

His son was **at** Cambridge.

他的儿子在剑桥读书。

但是下面这句话里，at 就不光有动作，还包含了情态：

The children are always **at** me to take them to the zoo.

孩子们总是缠着我要去动物园。

above（*prep.*）的本义是 in, at, or to a higher place; overhead; up（在……

内；在……附近、在或到达更高的地方；在头顶上方；在高处，等等），转义是从表示方位引申出表示"胜过、超越"的意义。如：

We flew **above** the cloud.

我们在云端上空飞翔。

He ought to be **above** cheating in the examination.

他应该不会在考试中作弊。

beside（*prep.*）的本义是"by or at the side of; alongside; near"（在……旁边；在……附近），表示地理空间方位，转义包括"与……相比；除……以外（还），除……以外（不再）；（beside yourself with anger or excitement）发狂"等义项。

The church at Stratford is **beside** the river.

斯特拉特福德的教堂在河边。

Dinny saw her uncle walking out **beside** the girl.

迪尼看见她叔叔从女孩身边走出来了。

Beside last year's results, the figures for this year has fallen.

与去年相比，今年的数字有所下降。

He had shouted down the phone at her, **beside** himself with anxiety.

他在电话里冲她大吼大叫，急得要发狂了。

以上三个用于转义的介词at、above 和 beside 已分别引申出动词、否定和比较意义。小词语，大用场，更显示出人类认知事物由具象向抽象的一般发展路径。沿着这一路径理解多义词义项的形成机制，还可以大大减少英语学习的认知负担，何乐而不为呢？

13 文化影响句子结构

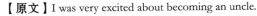

【原文】I was very excited about becoming an uncle.

【译文】要做舅舅了，我很激动。

【评注】

本例出自《朗文当代高级英语词典》，译文很典型。

1）译文反映了译入语的特点，是地道的中文说法。英语句子先评价，后陈述事实（突出个人的主观性，是个人主义在语言中的体现）。中文句子则先陈述事实，后陈述主观看法、主观心情（显示出中国人"摆事实讲道理"思维模式）。和英语不同，汉语就不需要介词来发挥作用了。

英语多用介词，是其一大语言特色；中文句子使用介词的概率大大低于英语，以短小的分句组合成一个较长的单句。再如：

It's important to prepare for your trip in advance and to take precautions while you are travelling.

旅行前准备充分，旅途中耐心防范，都很重要。

How did you manage to sleep through that thunderstorm?

雷雨那么大，你怎么能睡得着？

2）至于uncle该翻译成"舅舅""叔叔""伯父""姑父"，还是"姨夫"，还需要更大的上下文语境加以限定，因为英语中uncle一词多义（脱离更具体的语境讨论单个句子，译成"舅舅"或别的含义并不影响翻译讨论），而中文所在的中国文化系统讲究亲属伦理秩序，长幼次序由不同的称呼加以区别。

14 衔接

【原文】History, despite its wrenching pain, cannot be unlived, but if faced with courage, need not be lived again.

【译文】历史，尽管充满撕心裂肺的痛苦，无法抹去，但若以勇气面对，便不会再次经历。

【评注】

衔接是在语篇层次上审视翻译的重要视角。作为一个语义概念，衔接指的是语篇中存在的语义关系。当语篇中的一个语言成分依赖于另一个语言成分得以解释时，语篇即产生了衔接。衔接是通过词汇（词汇重复、同义词、反义词、上下义词和搭配等）和语法（照应、替代、省略、连接等）等手段来完成的。较之词汇衔接手段，英汉语言在语法衔接手段上的差异更加明显。

原文用连词but形成转折语气，后半句用if提出假设；另有介词despite同样发挥衔接作用。译文保留了原文以but为连词的句子结构，但but前面的分句发生了部分转化：despite its wrenching pain在译文中处理与cannot be unlived并列的谓语，"但"之后的分句处理为无主句，因为"但"前后的陈述对象均为"历史"。如此，符合汉语表达习惯的译文水到渠成。

又如：

Her cheeks flamed with embarrassment when she realized her mistake.

意识到自己犯了错，她顿时很尴尬，觉得脸颊火辣辣的。

该例中，英文注重形式逻辑，以连词when连接主句和从句，以代词her与she形成语义照应，从而实现了语篇的衔接；译文没有使用连词，体现的是事实逻辑，因此原文中when引导的时间状语从句在译文中置于句首，遵照汉语习惯将原因前置，结果后置，通过调整语序形成原因（意识到自己犯了错）、结果（她顿时很尴尬）、具体表现（觉得脸颊火辣辣）的因果链条，增强汉语语篇的连贯性。

15 克制的语言

【原文】国家最高科学技术奖

【译文】the State Preeminent Science and Technology Award

【评注】

最高preeminent，本身含有"最"的意思。专有名词，翻译简短明快为上，切忌拖沓冗长。"最高"可以是the highest，在其他场合可能没有问题，但是在专有名词中不适合使用形容词最高级形式，译者需要另辟蹊径，依据使用场景、情境找到既语义适合，又形式简短的词语。preeminent是表示属性的形容词，本身就蕴含了"杰出""卓越"等最高等级含义，朴素的语言，表达了丰富的嘉许意涵。

英文中本身含有比较意味的词语不少，译者应善于运用这类词语来为自己的翻译实践添彩。比如：

原文1：Pat, what's your *favorite* animal?

译文1：帕特，你喜爱什么动物？

原文2：He celebrated by opening a bottle of his *favourite* champagne.

译文2：他开了一瓶他最喜欢的香槟来庆祝。

原文1中所包含的favorite本义是"（同类中）最受喜爱的"（preferred to all others of the same kind）；译文1没有出现"最"字，语言克制、朴实，但是言近意远，favorite所包含的意思都在"你喜欢什么动物？"中体现得淋漓尽致，这才是译文的魅力。

同样是favorite一词，在译文2中如果不用"最"字，只说"钟爱的香槟"，译文也能与原文异曲同工。

16 名从主人

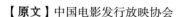

【原文】中国电影发行放映协会

【译文】the China Film Distribution and Exhibition Association

【评注】

专有名词翻译要遵守名从主人的翻译原则，无论英译汉，还是汉译英。

译者有必要及时查阅资料，以"拿来主义"采用套译的办法，"中国电影发行放映协会"是一个组织，有自己确定的英文名称的，英文名称是啥，译者自觉挪用即可。如果译者自行翻译一个英文名称，会让英文读者以为是另一家机构，翻译就失去了作为沟通桥梁的职业意义和社会价值。本例中，"放映"未必是project、show、screen等词语。

2020年中国国际服务贸易交易会的主题是"全球服务，互惠共享"，英文有统一的译法"Global Services, Shared Prosperity"，以两个"形容词+名词"结构表达原文"全球服务，互惠共享"的意思，Global Services是行动，Shared Prosperity是目标。作为公示语和专用名词，该译文逻辑严密、简洁易懂，充分表达了原文的意涵，其他译者只需作为读者认真咀嚼、深入领会原文和译文形式、内容之美，再加以套用就可以了。

意大利电影《海上钢琴师》主人公1900说，

You know there are 88 keys on the piano and no one can tell you differently. The keys are not infinite, you are infinite. And on those 88 keys, the music you can make is infinite.

钢琴上有88个按键，不容置疑。琴键是有限的，而你的创造是无限的。在这88个琴键上，你所创作出的音乐是无限的。

其实，每个人都可在有限的领域内熟悉工作基本规范，尽情地发挥自己的才能，让自己的创造性得以充分发挥，并且享受其中的快乐。翻译工作同样有如此快乐。

17 语法标记

【原文】Victory belongs to those that believe in it the most, and believe in it the longest.

【译文】胜利属于信念坚定并持之以恒者。

【评注】

原文意思好理解，可是翻译成汉语就需要斟酌了。语言学家石毓智认为，汉语和英语往往使用不同的语法手段表达同一语法范畴：比如，英语用语法标记的地方，汉语则往往使用语序。[1]

victory在后面提及时，两次用代词it指代才表达清楚无误，这是英语代词突出的特色形式；原文另一词those指的是those people，其语法标记是表达复数意义的代词。原文这些语法标记手段，中译文通过省略译法传达。those对应"者"，语法标记在汉语里不再凸显。"者"是个语义具有模糊特性的词语，可以表示单数意义，也可以表示复数意义。依据本句语境，"者"字确指复数意义；两处it所指，译文中都由主语"胜利"一词承担。

译文简洁有力，"者"字结构功不可没——古雅味道使得译文语气庄重、上口、有力。把believe it the most和believe it the longest两个平行结构的意义化入了"信念坚定""持之以恒"四音节短语中，肯定、不容犹豫的语气豁然贯通。该例译文详略有致，干净利落，尽显英汉语言各自特点。

18 抽象概念

【原文】And the only thing people regret is that they don't live boldly enough, that they don't invest enough heart, didn't love enough.

【译文】人们唯一遗憾的是，他们自己没有足够勇敢地生活，没有投入足够的心力，爱得不够铭心刻骨。

【评注】

首先，enough在原文出现三次，boldly enough、enough heart和love enough，而且都用在否定句里。就是说，翻译的时候要注意到词语的上下文这个微观语言语境，才能翻译出该词语的恰当意义。同一个词语在不同的上下文、词语组合中，应该有相应的理解，这样，译文方可读起来地道顺畅，浅显易懂。

其次，原文的谓语动词因为enough出现三次而出现排比修辞，遗憾的语气溢于言表；译文以两次"没有"展开之后，没有用第三个"没有"，而是以"不够"替代"没有"，一致中显变化，规律中现变奏，句子的韵律

1　石毓智：《汉语春秋：中国人的思维软件》，江西教育出版社，2015，第8页。

感就出来了。

另一个有趣的用法是to invest enough heart这一隐喻。invest本义为"投资、投入",和heart搭配,就是把heart比喻为"资本、金钱",用法大胆而新颖,把心力、注意力、情感这样的抽象概念具体化,语言顿时生动鲜活起来,其中的意趣需要读者耐心品味。下例出自美国作家塞缪尔·乌尔曼的散文《青春》,to wrinkle the soul生动得"出圈":

Years may wrinkle the skin, but to give up enthusiasm wrinkles the soul.

如果说王佐良教授对乌尔曼此句的译文"岁月悠悠,衰微只及肌肤;热忱抛却,颓废必至灵魂"古意十足,那么"岁月流逝只令容颜苍老,激情不再却使心灵枯萎"又如何?您怎么评价这句译文,尤其是对于wrinkle一词的处理?

19 读者的认知努力

【原文】I am always saying "Glad to 've met you" to somebody I'm not at all glad I met. If you want to stay alive, you have to say that stuff, though.

【原译】我经常要对别人说"很高兴见到你",尽管我见到他们根本不高兴。如果你想活下去,你就得说那些话。

【改译】我经常得对别人说"见到你我很高兴",尽管见到他们我一点儿也不高兴。人要活在世上,你就得说那些话啊。

【评注】

1)原译采用拆分法把somebody的定语I'm not at all glad I met翻译成让步状语"尽管我见到他们根本不高兴",有助于表达说话人"我"的愤世嫉俗心理,但是原文对比的语气在本句译文中体现得并不充分。"我很高兴见到你"显然是英文句子"Glad to 've met you"的汉语译文,不太符合中国人说话的实际情形,读起来不符合中文读者的审美接受。原文第二句以if起头,译文不使用连词"如果"也是符合中文读者语文习惯的好译法。

2)英汉语言句子内部信息结构迥然不同。汉语句子一般语序是"先摆事实,后讲道理",就是"先陈述,后议论"的信息分布形式。相反,英文的句内语序是"先评论,后陈述"。因此"Glad to 've met you"这句话中to 've met you是陈述"见到你"这个事实,glad是对"见到你"这个事实的评论、感叹和情感抒发,翻译成汉语,符合中国人心理的句子应该是"见到你我很高兴"。

3）首句"I am always saying 'Glad to've met you' to somebody I'm not at all glad I met."改译成："我经常得对别人说'见到你我很高兴',尽管见到他们我一点儿也不高兴",译文中两个小句结尾的"我很高兴"和"我一点儿也不高兴"互相呼应,整句话的对比意义就很明显了,原文的语气表达得会更加充分些,读者理解语句所付出的认知努力会更少,感受会更深刻。这正是译者所追求的传播效果。

20 中文的动态性

【原文】Pat, what's your favorite animal?

【译文】帕特,你喜欢什么动物?

【评注】

1）原文中favorite是个本身包含比较意义的形容词,意思是liked more than others of the same kind; preferred to all others of the same kind,即特别受喜爱的、(同类中)最受喜爱的。

2）译文"你喜欢什么动物?"非常地道、生动,动感十足,因为中英文各有特点,两相对照,很有个性:中文多用动词而呈现动态特征;英文多用形容词、名词来陈述事件,静态特征明显。

原文按字面翻译是"你最喜爱的动物是什么?",而译文是在准确理解原文语言特点和深层语义之后,把名词词组your favorite animal分解成主—谓—宾结构,favorite这个作定语的形容词在译文中转化成动词"喜爱",译文就呈现出中文特有的动态性特征,语言地道、可读性强。再看中英文动、静对比的一例:

Money is not life's report card.

金钱不能用来衡量人生精彩与否。

3）从翻译方法来看,原文句子的主语what在译文中作了定语"什么(动物)";原文中的定语favorite在译文中作了谓语动词;形容词your在译文中转化成代词,作了句子的主语。这三个词语的译法属于"词类转化法",在翻译实践中尤其常用。

4）favorite(最受喜爱的)在译文中不用"最"字,依然能传达出"最"的意味。可见,平实、克制的语词也能表达强烈、奔放的语义和情感,值得细细咀嚼、斟酌习用。

21 文化因素

【原文】绿水青山就是金山银山。[1]

【译文】Clear waters and green mountains are invaluable assets. [2]

【评注】

"绿水青山就是金山银山"是习近平总书记 2005 年 8 月 15 日首次提出的观点，现在已经成为我们坚持生态优先的可持续发展的理念和自觉行动指引。原文整句用了暗喻手法；局部又有对偶修辞（"绿水"对"青山"，"金山"对"银山"）、重复修辞（"金山银山"以强化主语"绿水青山"的重要性），言简而意丰。

译文整句用暗喻。"绿水"译为 clear waters，"青山"译为 green mountains。invaluable assets 翻译出了原文喻体"金山银山"的深层意义而没有用字面意义 gold and silver mountains，这是译者体察到了英语和中文的文化差异后的选择。

在外宣刊物上还看到了"绿水青山就是金山银山"的别样译文，同样体现出译者对于文化因素的巧妙构思，同样令人耳目一新：

Lucid waters and lush mountains are invaluable assets.

lucid waters 和 lush mountains 分别对应"绿水""青山"，lucid 和 lush 用首韵，意义也符合水和山的特点。

翻译中的文化因素是影响译者理性判断的重要因素，文化具有地方性，不是普适性的。

考虑到文化差异，译文才可能设法以一定的语言手段化解文化差异带来的误解，帮助交际双方消除交流中的语文障碍，为实现顺畅的跨文化交流发挥积极作用。

文化因素在语言中体现在许多方面，非常细微，但值得足够重视。再举一例如下：作家莫言的长篇小说《丰乳肥臀》，由美国著名翻译家葛浩文（Howard Goldblatt）译成英文，书名是 Big Breasts and Wide Hips，用 big 和 wide 分别表达中文书名里的形容词"丰（乳）"和"肥（臀）"。中国文化认为臀部肥硕，英文文化认为臀部宽大；中文认为乳房丰满，英文认为乳房硕大。中英文题目看上去有些差异，但都很通俗、生动，也反映出中国人和

1　习近平：《习近平谈治国理政》（第二卷），外文出版社，2017，第 393 页。
2　习近平：《习近平谈治国理政》（第二卷：英文），英文翻译组译，外文出版社，2017，第 426 页。

美国人理解世界、描述世界的心理视角是有所差异的。

莫言的长篇小说《丰乳肥臀》英文版封面

再如，"长城"英文中的说法是the Great Wall，中文重其"长"，英文看到的却是长城的规模之"大"，当然，长城是抵御强敌的城墙，译成wall也是非常准确的。英文词语the violent times we live in可译为"我们生逢的乱世"，英文说the violent times，换成中文是"乱世"，不同民族用不同的形容词描述"世道"，看世界的视角的确大异其趣。翻译应勉力消除文化障碍以达成沟通世界的目的。

22 深层含义

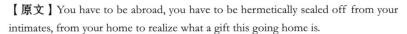

【原文】You have to be abroad, you have to be hermetically sealed off from your intimates, from your home to realize what a gift this going home is.

【译文】只有远在海外漂泊，彻底与亲朋挚友切断联系，才懂得回家是怎样的幸福。

【评注】

1）原文动词have to be...反复使用两次，译文体现为一个"只有"，和两个动词连用；英语的静态动词be abroad和be sealed off 在译文中转化成动作动词，符合英、汉两种语言各自的特点。

2）your intimates和your home合并译成四字词语"亲朋挚友"，是依据从上下文挖掘的原文词语的深层含义。hermetically化具体"像隐士一样"为抽象"彻底"，明了易懂。gift由具体的"礼物"抽象为"幸福"，译出了"礼物"令人快乐、值得珍惜的内在品质。

3）翻译的忠实原则不是指字面的对等，而是从字面看到语词的深层含义，并用符合译入语的语言惯例和思维方式的语句表达出原文的深层含义，使译文读者能够接收到如原文读者一样的信息。

23 传播效果

【原文】There are two cardinal sins from which all others spring: impatience and laziness.
　　　　　　　　　　　　　　　　　　　　　—Franz Kafka

【译文】有两种过错是其他一切过失的根源：急躁和懒惰。
　　　　　　　　　　　　　　　—— 弗兰兹·卡夫卡

【评注】

翻译也要克制，让译文言尽而意远，回味不绝。本句中cardinal sins只以"过错"译出，cardinal（主要的）化隐在句内。内心克制，外在形式就简洁，远离了啰嗦。又如：

【原文】The best thing to do would be to leave.

【译文】走为上策。

【评注】

"The best thing to do would be to leave."也可以译成"最好的做法就是离开。"可是，译者在充分理解原文的基础上，在表达时不要机械地去对等原文，而要尽可能地保留作者所创造的阐释空间；不要剥夺译文读者主动参与到阐释文本意义过程中来的快乐，而要关注译文读者的审美体验。best（最好的；最适当的）在译文中不用"最"字，节制的表达，却蕴含了"特别，最"的意味。

可见，语义平实、情绪克制的语词经过组合，彼此相辅相成，产生连贯、呼应、联想等艺术效应，同样也能表达强烈、奔放的语义和情感，回味悠长，传播效果绵延，值得译途旅人细细咀嚼、斟酌习用。吕叔湘翻译的中篇小说《伊坦·弗洛美》（［美］伊迪丝·华顿著，人民文学出版社，2002）就是这样的典范。

24 翻译的创造之美

【原文】文明出行，安全校园。

【译文1】Travel civilized on a safe campus.

【译文2】Travel safe and civilized on campus.

【译文3】Travel civilized to help make the campus desirable.

【译文4】Civilized travels make a safe campus.

【译文5】Travel civilized on campus and you will make it a safer place.

【译文6】Travel civilized on campus and you will make it a better place.

【评注】

原文是一条公示语，提醒师生在校园行走或骑车时要遵守交通规章，保障自身和他人的安全。两个分句各由名词短语组成，没有动词，分句之间不用关联词，却存在着逻辑关联，需要译者辨析、理解。原文语言平实却意蕴丰富，译文各具特色，每一则译文都体现了原文的一种意义，也展示出翻译的创造之美。

译文1仅提醒读者注意自己的行为，命令语气不容置疑。

译文2因travel safe（走好、出行平安）而多了对读者的关怀，没有仅仅停留在对于读者提出规范和要求。依据语言礼貌理论，travel safe虽然是祈使句（命令）语气，但对于听话人是有利的，因而是礼貌的、关爱的，传播效果自然会胜过译文1。

译文3把原文的"安全校园"看作前一个分句"文明出行"的行动目的，文明出行是个人行为，但是更有益于群体，何乐而不为啊？因此，译文3更加具有公示语的感召功能、鼓动功能，总体上胜过译文1。

译文4避开强硬的命令语气，讲述文明出行会产生美好的影响——"建设安全校园"，而且travel用名词复数形式，潜台词是一（多）个人的每一次出行，都有益于营造一个平安美好的校园。

译文5和译文6都是假设条件复合句的缩写形式，突出了每个人的文明举止具有的社会意义，话语语气却比祈使句更加柔和，更易于听话人/读者接受。

语言是人类的精神家园，气象万千。原文语言平实而意蕴丰富，译文各具特色，每一则译文都体现了原文的一种潜在意义。以传播的效果为衡量尺度，译者应该竭力提供优质的译文，消除交际障碍，搭起跨文化沟通的大桥。可见，翻译是不断接近原文、接近人类精神世界的过程；译文没有最好，只有更好。

25 传播意识

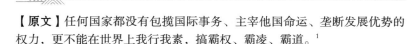

【原文】任何国家都没有包揽国际事务、主宰他国命运、垄断发展优势的权力，更不能在世界上我行我素，搞霸权、霸凌、霸道。[1]

【译文】No country has the right to dominate global affairs, control the destiny of others, or keep advantages in development all to itself. Even less should one be allowed to do whatever it likes and be the hegemon, bully or boss of the world.[2]

【评注】

原文语出国家主席习近平 2020 年 9 月 21 日在联合国成立 75 周年纪念峰会上发表的重要讲话。

中文是长句，内含多个动词，是包含递进关系的复句。译文依据英语的特点进行信息拆分、断句。就词语层面看，"包揽"此处并非"援助、抢着干"，而是"把控、占据主导地位、颐指气使"等意思，译为 dominate；"垄断"为"独占、霸占"之意，译文没用 monopolize，而是用口语化的 keep...all to oneself 翻译，这两个词语在上下文语境中翻译得非常准确，摆脱了字面限制，表达了原文的深层意义。

原文的递进关系，在译文中另起一句表达，以 even less 统领本句译文，与前一句形成语义连贯的句群；"不能"则用 should be even less allowed to do something 这个动词，should 是建议的语气，be allowed to do something 暗含了联合国各成员国的权利和主动性在内（be allowed to do something by other nations in the world），再现了原文坚定的语气，译文体现出以译入语接受者为中心的传播意识和共情力。

26 翻译的整体观

【原文】A plant patent is granted on a new type of plant that is created by human intervention and is created asexually. Many people know about "patent roses."

1 习近平：《习近平谈治国理政》（第二卷），外文出版社，2017，第 393 页。
2 习近平：《习近平谈治国理政》（第二卷：英文），英文翻译组译，外文出版社，2017，第 426 页。

These are roses that are created by horticultural manipulation and are not naturally occurring plants.

【原译】植物专利是授予一种新型植物，是通过人工干预创造的，是无性的。很多人都知道"专利玫瑰"。这些是由园艺操作创造的玫瑰，不是自然发生的植物。

【改译】植物专利是授予人工干预创造、无性繁殖的新型植物的。很多人都知道的"专利玫瑰"，就是经由园艺操作培育的玫瑰，这种玫瑰不是天然植物。

【评注】

　　本例原译逻辑欠通顺，改译过的句子更具有整体观。原文是由三句话组成的微型非文学语篇。首句是主题句，下定义；余下两句举例说明主题句的科学含义。首句的patent plant与第二句中patent roses形成上下义关系（概括与具体关系）。第三句开头的代词these前指第二句的patent roses，形成语篇在形式上的衔接，整个语篇逻辑鲜明、语气连贯。理清原文的结构和文理，是赏析译文的基础。

　　英语不喜重复，多用不同代词来指代同一概念或同一事物：原文中these就是these patent roses，其在语篇中发挥的主要功能就是避免重复，译成中文就得重复其所指代的事物"这些玫瑰"，才像中国话。By human intervention和by horticultural manipulation近义呼应，asexually与not naturally occurring近义呼应，也有避免重复的作用。下例中动词do this替代了动词always believe in yourself，译文则依据汉语的特点重复了"相信自己"：

　　Always believe in yourself. Do this and no matter where you are, you will have nothing to fear.

　　永远要相信你自己。这样，无论身在何处，你都将无所畏惧。

　　第三句not naturally occurring与created by horticultural manipulation形成语义对照，从正反两个方面说明新型植物是人工干预的植物，不是天然生长的。对比说理最能显示表达力量，译文须凸显原文的深层对比逻辑，而不应该逐字翻译：

　　A true hero isn't measured by the size of his strength, but by the strength of his heart.

　　真正的英雄，不是凭过人的膂力，而是看强大的内心。

　　翻译过程中，译者要怀有整体观念、语篇意识。否则，就会像原译一样犯下"只见树木，不见森林"的错误。在整体观念观照下，译文会语气流畅，文意贯通，读起来给人酣畅淋漓之感。

27 机构名称

【原文】 Asian Studies on the Pacific Coast

【译文】 美国亚洲研究会西海岸分会

【评注】

　　组织机构名称是其标志和象征，是组织形象的重要部分，语言表达要简洁明了，要符合人们理解和记忆的规律，便于公众识读、记忆，方有助于传播效果。原文的地理信息 the Pacific Coast（太平洋海岸）是美国的西部，依据地理方位翻译为"西海岸"，没有按字面直译，而是依实际的地理情形理解，其结果就是中译名简洁易懂，方位感十足，稍具地理知识者均不会产生误解。

　　又如，Chinese Historians in the United States 作为学术机构，其中文译名是"留美历史学家学会"，也是摆脱字面限制、把地理信息与社会语境联系起来考虑的上佳译例。翻译这些机构名时都应都遵从"名从主人"的翻译原则，不容任意篡改。

28 翻译是社会交往行为

【原文】 大龄未婚男性

【译文】 forced male bachelors

【评注】

　　翻译是社会交往行为，原文来自社会环境，译者在中英两种文化之间往返，译文要在迥异于原语文化的新的文化环境中传播。翻译过程注定不能脱离对社会因素的考量。

　　中文原文"大龄未婚"只是聚焦于描述对象自身的现在年龄和婚姻状态等特征。译文中，形容词 forced 为 force 的被动语态形式，依然隐含了被动意义，把描述对象与外界因素联系在一起，说明大龄未婚并非被描述对象的主动选择，是被动、被迫、无奈的，是社会影响的结果，符合汉语中"大龄未婚男性"一词的一般意义，这个译文言简意赅，是逻辑性思维的体现，和中文"大龄未婚男性"只描述客体自身特征的感性思维相映成趣。

　　联想到近年来非常流行的词语"剩女"，该词引起相当的反感、排斥，因为人们普遍不认可这种充满歧视意味的说法。的确，该词包含了干涉他人私事、随意评价他人，甚至物化女性的意味。"剩女"若用英文"forced bachelorettes"或"forced bachelor girls"表达，体现的是现代理性思维，而且少了干涉他人私事的含义，符合当代社会潮流，会为读者所容易接受，传播效果会更好。况且，这样的译文使译文读者意识到"大龄未婚男性""剩女"都不是简单的自然而然的现象，而是有特定社会意义的词语。可以说，如此译文简明易懂，提升了读者体验，给予读者利益，也给译入语带来了新的概念。

29　翻译软件

【原文】武汉，简称"汉"，别称江城，是湖北省省会。武汉素有"九省通衢"之称，是中国内陆最大的水陆空交通枢纽和长江中游航运中心，其高铁网辐射大半个中国，是华中地区唯一可直航全球五大洲的城市。

【原译】*Wuhan, referred to as "Han", also known as Jiangcheng, is the capital of Hubei Province. Wuhan is known as the "thoroughfare of nine Provinces". It is the largest water, land and air transportation hub in inland China and the shipping center of the middle reaches of the Yangtze River. Its high-speed rail network radiates more than half of China. It is the only city in central China that can sail directly to the five continents of the world.

【改译】Wuhan, referred to as "Han", also known as Jiangcheng, is the capital of Hubei Province. Wuhan is known as the "Thoroughfare of Nine Provinces". It is the largest water, land and air transportation hub in inland China and the shipping center of the middle reaches of the Yangtze River. Its high-speed rail network radiates over more than half of China. It is the only city in central China with direct flights to five continents of the world.

【评注】

本句原译文是某知名网络翻译软件提供的，优点和缺点并存，不能直接拿来应用。修改后的译文克服了原译的语法和语义"硬伤"。

1）"九省通衢"是武汉的别称，英文首字母必须大写。

2）"辐射"此处意为从中心向各个方向伸展出去而与其他地方相连接，radiate用此义时是不及物动词，借助于介词才能接宾语，所以修改后的译文在radiate后加了介词over；"直航"此处指"飞机航班"，武汉是内陆城市，以sail（航海）翻译，不符合原文意义；世界不止五大洲，定冠词the多余。因此，此例以改译后的译文为宜。

近年来，由于人工智能赋能，机器翻译技术进步很大，甚至有人提出，现在手机翻译软件如此便利，没有学习翻译（甚至英语）的必要了。可是，你在表达亲昵甜蜜的情感时总不能让翻译软件代替你倾诉吧？！且不说关键时刻向软件求助是多么煞风景，单单在细微的语义感知和语言表达上，至少目前翻译软件、翻译APP仍然无法完全与人类智慧相媲美，若完全取代人工翻译和口头表达还是不大可能。

有句英文隐喻表达生动形象又很励志，且比较几种中译文的得失：

Take pride in your accomplishments, as they are stepping stones to your dreams.

人工译文：

每前进一步，你都应引以为豪，因为每次进步都是你实现梦想的基石。

机器翻译软件的译文：

A. 为你的成就感到自豪，因为它们是你梦想的垫脚石。（谷歌翻译，2021-08-22）

B. 为你的成就感到自豪，因为它们是你实现梦想的垫脚石。（百度翻译，2021-08-22）

C. 为自己的成就而自豪，因为它们是你实现梦想的垫脚石。（有道翻译，2020-08-22）

笔者认为，我们对每一个翻译软件都要心存敬意。但就事论事，人工译文这里完胜机器翻译。机器翻译软件机械地进行词语符号转换，they就是"它们"，stepping stones就是"垫脚石"；谷歌翻译更是没有能够把"to your dreams"中to包含的深层动词意义译出，只看到名词"梦想"。中文擅长使用动词，名词accomplishments转换成小句"每前进一步"。英文句子里they指代前面的名词accomplishments，英文善用代词指称前面提及的名词，译成中文就要有中文的样子——中文以名词重复使用为特点，they还原成名词"每次进步"，与前面的"每前进一步"遥相呼应，文本的逻辑浑然天成。介词短语to your dreams转换成动词"实现梦想"。通过译者的积极创造，人工译文意在给中文读者以舒适的阅读体验。

人和机器、人工智能是有区别的。作家郝景芳在小说《人之彼岸》里提到："人能够从和人交往的经历中学到很多情感和行为知识，能直觉感知他人的心境，不是因为人类头脑处理能力更快，而是因为人类能够以自己映照他人，将心比心。"[1]

所以，译者在借助在线翻译软件提升翻译速度和效率之时，不能完全依赖翻译软件，还得充分发挥译者自己的主动性和创造性，识别、鉴别翻译软件所提供参考译文在词语、语法、语义、语用、语篇、美学、文化、情感等主、客观不同维度上的亮点和不足，为原文配上更确切、美好的译文，发挥翻译促进文化传播、促进社会进步的切实作用。

30 充分翻译

【原文】*Time* Person of the Year

【译文1】《时代周刊》年度风云人物
【译文2】《时代周刊》年度影响人物
【译文3】《时代周刊》年度人物

【评注】

英文 *Time* Person of the Year 曾被译为"《时代周刊》年度风云人物"。这个"风云人物"，并非最早的中译。记得当年邓小平第一次被评为《时代周刊》年度人物时（他共有8次成为《时代周刊》的封面人物，并两次被评为"风云人物"），中国媒体把这个名称译为"时代周刊杰出人物"，显然是错误地认为这个称号是一种荣誉。

其实，这个评选的对象只是一年内对世界产生了巨大影响的人物，虽然其中大多数人物产生的是正面的影响，如林白、罗斯福、马丁·路德·金、圣雄甘地等；但也有少数枭雄起到的是反面影响，如希特勒1938年、赫鲁晓夫1957年都被评上过"《时代周刊》年度风云人物"；克林顿1998年也因拉链门事件，与对手独立检察官肯尼思·斯塔尔同时出现在《时代周刊》封面上，他们显然并不是美国人心目中的杰出人物。所以，后来中文改译为"《时代周刊》年度风云人物"。但是，译为"风云人物"也不一定符合所有年度人物的特点，如1999年《时代周刊》还把爱因斯坦评为 Man of the Century，译为"世纪风云人物"就比较别扭，因为他并不是一个翻云覆雨的政治家，而只是一个伟大的科学家。

直译为"《时代周刊》年度人物"多好。毕竟，英文 Man of the Year 只是个中性词，译者不应该在译文里添加原文没有的意思。否则就是扰乱视

1　郝景芳：《人之彼岸》，中信出版社，2017，第270页。

听，误导听众和读者。

从 1999 年开始，Man of the Year 的说法改成 Person of the Year，一词之差，大概是出于政治正确的缘故——在女性主义思潮高涨的时代，用 man（而非 person）统称包括两性在内的"人"是有风险的。

"*Time* Person of the Year"翻译成中文，"《时代周刊》年度影响人物"或者"《时代周刊》年度人物"这两种不带主观情感意味的译文较为合适。

31 翻译与地方

【原文】"知行合一、知难而进、知书达礼、知恩图报"的宁波精神

【译文】"Ningbo Character: Pragmatism, Resilience, Courtesy, Charity (PRCC)"

【评注】

2020 年 9 月 29 日，持续两个月的"四知"宁波精神全球征译活动颁奖礼在宁波日报报业集团举行，译文"Ningbo Character: Pragmatism, Resilience, Courtesy, Charity (PRCC)"荣获第一。

译者的注意力没有仅仅停留在语言表层的中英文符号转换，而是对于宁波本地文化与浙东文化有深刻的理解，准确把握了宁波作为古代海上丝绸之路主要港口、近代中国通商口岸、世界第一大港、历史文化名城等的身份关键词，然后用四个名词 pragmatism、resilience、courtesy、charity 组成行文工整、凝练上口的并列结构，形成了朗读的节奏和韵律感。

英译如果用不同词性的词语混合表达"知行合一、知难而进、知书达理、知恩图报"的话，那是词不达意的，也是媒体公布的部分其他应征译文存在的明显失误。

提炼总结"宁波精神"，事实上是向全球推荐宁波城市文化品格之举，旨在促进宁波与全球的更紧密联系，所以以 Ningbo Character 翻译"宁波精神"。《柯林斯 COBUILD 高级英汉双解词典》（高等教育出版社，2012）对 character 一词是这样释义的：

N-COUNT The character of a person or place consists of all the qualities they have that make them distinct from other people or places. 性格；特性

可见，character 既可以刻画人物的性格，也可以用来描述地方的特性。以 character 翻译宁波的城市"精神"更加符合原文的深层含义，英文读者易于理解。

译文如果在 charity 之前加上 and，译文将是"Ningbo Character: Pragmatism,

Resilience, Courtesy, and Charity"；那么，英译文语篇的连贯性特征会更强、更凸显，译文会更具韵律感。另外，"精神"还可以译为 ethos。

32　幽默

【原文】

It is a truth universally acknowledged, that a single man in possession of a good fortune, must be in want of a wife.

However little known the feelings or views of such a man may be on his first entering a neighbourhood, this truth is so well fixed in the minds of the surrounding families, that he is considered as the rightful property of some one or other of their daughters.

"My dear Mr. Bennet," said his lady to him one day, "have you heard that Netherfield Park is let at last?"

Mr. Bennet replied that he had not.

"But it is," returned she; "for Mrs. Long has just been here, and she told me all about it."

【译文】

有这么一条举世公认的真理：男人有钱就不能无妻。

这样的一条真理早在人们的心中根深蒂固，每逢这样的单身汉新搬到一个地方，四邻八舍的人家虽然完全不了解他的性情如何，却把他视作自己女儿的合法财产—— 看上哪个算哪个吧 。

有一天，班内特太太对丈夫说："欸，你听说了吗？内瑟菲尔德庄园终于租出去啦！"

班内特先生回答道，没有听说。

"的确租出去了！"太太说。"朗格太太刚来过，她把这事的底细一五一十地都告诉我了。"

【评注】

原文是英国女作家简·奥斯汀（Jane Austen）的小说《傲慢与偏见》（Pride and Prejudice）的开头段落。该小说在中国很受欢迎，在世界各地经久不衰，小说故事曲折，情节有趣，而语言幽默的特点大概是其成为经典的主要原因吧。欣赏小说第一章开头前五段，有助于理解、翻译开头第一句话。

短短几个段落，就体现出了作家的幽默和小说的笔调。第一段有至少三点值得咀嚼。其一，作者显然是在说反话（irony）——当时的社会现实，与其说凡是有钱的男人都需要（in want of）女人，倒不如说凡是女人都需要有钱的男人，因此这句话只是班纳特太太之类的准丈母娘一厢情愿的想法罢了。其二，"举世公认的真理"语气庄重严肃，"in possession of a good fortune"和"in want of a wife"是平行结构，而且文体正式，应和了一本正经的"真理"语境。其修辞效果是把"good fortune"和"good wife"列为同类事物，并且加强了这句话的"真理性"。其三，作者严肃地宣布"举世公认的真理"而激发读者的阅读兴趣；读者满心期待，并以为作者接下去会说一些崇高的"真理"，谁知一直持续到把句子读完，却看到"凡是有钱人都要娶老婆"这样平凡、世俗的"道理"，于是不禁哑然失笑。这种"突降法"（Bathos）修辞技巧，与读者的预先推理相悖，会造成读者开卷即笑的幽默效果。译文保持了原文的语序，这样的翻译匠心可以体现奥斯汀小说嘲讽的语气。

33 信息

【原文】The Beijing Olympic Games are truly exceptional Games.

【译文】北京奥运会是一次真正无与伦比的奥运会。

【评注】

翻译是社会交往行为，其意义在于促进跨文化理解、促进国际社会互动互鉴、构建全球共识。因此，翻译必须关注不同语言符号之间的信息传递。

大概由于exceptional的缘故，新闻媒体把本句话翻译为"北京奥运会是一届真正的无与伦比的奥运会""北京奥运会是一次真正不同凡响的奥运会"，等等。

其实，exceptional原意是uncommon, unique, extraordinary（不常见的，独特的，不同寻常的），只是个中性词。又如：

What an exceptional flower!（多么独特的花啊！）

The quality of the beer was exceptional.（这啤酒的质量很不一般。）

第一个义项只体现了中性意义，无所谓褒贬；第二个义项则体现了褒扬意义。对于这样语义对立甚至矛盾的多义词的翻译，首先需要联系语境乃至社会环境信息才能确定其准确意义。英文exceptional指的是事物因为独具特点，其他事物才不能与之相比，exceptional的事物未必就是"完美的、最好的"。

事实上，汉语里的"无与伦比"典出韩愈《论佛骨表》："数千百年以来，未有伦比"，该词强调事物非常完美的特点，没有能跟它相比的。如，魏巍《东方·归来》："在这段时间里，他受到祖国人民无与伦比的最热情的接待。"

而外国媒体使用语义模糊的词语 exceptional 来描述北京奥运会，是维护交际者面子的语用策略，还是出于客观公正的评价，需要我们在更大的环境中审视源语信息，并把原文的意思充分合理地传递给读者。

此类多义词的用法很常见，需要读者明鉴。再如英文单词 great 并非总是"伟大的"的意思，请看下面的例子：

The wedding was a great occasion.

这婚礼可是一大盛典。

As the great day approached, she grew more and more nervous.

随着这重大日子的临近她心情越来越紧张。

The great thing is to get it done quickly.

重要的是尽快将它完成。

One great advantage of this metal is that it doesn't rust.

这金属最大的一个优点就是不生锈。

翻译过程中，译者只是追求客观传递信息，把原文的多方面信息用译入语表达出来，而不能自作主张增添原文没有的信息，所谓翻译中译者要"隐身"。译者的创造力和能动性体现在能够做到以准确的译文传达原文的客观信息，这才是"译者主体性"的体现，才是译者工作的专业价值和社会意义所在。信息是数字时代继物质和能量之后构成世界的第三大要素。翻译是处理信息的过程，需要译者全力以赴，慎重对待文字承载的信息。

34 隐喻

【原文】Kunming—At least 3 people were killed and 27 others injured as of 6 am Saturday after a series of earthquakes jolted Yangbi Yi autonomous county in Dali Bai autonomous prefecture, Southeast China's Yunnan Province, local authorities said.[1]

---

1 "Yunnan earthquakes kill 3, injure 27", 2021-05-22, https://www.chinadaily.com.cn/a/202105/22/WS60a7b8a8a31024ad0bac0b0d.html, 2021-05-23.

【译文】据当地官方消息，截至周六早上 6 点，云南省大理白族自治州漾濞彝族自治县发生地震、多次余震，已致 3 人死亡，27 人受伤。

【评注】

原文中 jolt 在 Pocket Oxford Dictionary（11th edition）中的释义如下：

v. 1）push or shake abruptly and roughly（使）摇动；（使）震动，（使）颠簸

2）shock someone into taking action 使震惊；使觉醒

n. 1）a rough and abrupt push or shake 摇动；震动；颠簸

2）a shock 震惊

显然，无论 jolt 是动词，还是名词，第一个义项是本义，物理动作（变化）；第二个义项是转义，表示对人心理的影响。下面包含 storm 的例句也是如此。

A. the violent storms which whipped the East Coast.

……席卷东海岸的猛烈暴风雨。

B. His speech was greeted with *a storm of applause.*

他的演讲博得暴风雨般的掌声。

我们在阅读 B 句时，其中的 storm 使我们在其本义的基础上通过联想而获得其隐含、比喻或引申的意义。这几个句子用的都是 storm 的转义。其形式可以是单词（a political storm），也可以是词组（a storm of），也可以是约定俗成的成语（如 take...by storm; a storm in a teacup）。A 句里的动词 whip 的词义也是经由 whip 的本义 to strike with a whip 引申而来，翻译成汉语动词"席卷"同样鲜活生动。

翻译时需要识别词语的广义与狭义，或者说本义与转义。语言的力量就在于它们的联想，即它们在我们脑海中唤起的事物。我们的经历使言语充满意义；我们活得越久，某些词语就越能让我们回忆起过去的快乐和悲伤；我们书看得越多，学得越深入，对我们有意义的单词就增加得越多。如，"2006 年 3 月，我参加了由胡璎和季家珍主办的'中国历史中妇女传记与性别政治'（Gender Politics and Women's Biographical Tradition in China）国际研讨会"[1] 这句话中，"中国历史"和"妇女传记"通用 tradition 来表达，因为"历史"指向从古至今时间的绵延，此处的"传记"不是具体指某个人的传记，而是指传记书写实践和惯例，因此 Biographical Tradition 是表达了原文深层意义的充分翻译（full translation）。又如 wavelength 这个词的

---

1 [美]姚平：《唐代的社会与性别文化》，北京大学出版社，2018，第 5 页。

本义是"（无线电）波长"（this distance as a distinctive feature of radio waves from a transmitter），由此引申出比喻义"（尤指能够影响与其他人交流的）想法；思维方式"（a person's ideas and way of thinking, especially as it affects their ability to communicate with others）。

When we met we hit it off immediately——we're on the same wavelength.

我们一见面，就一拍即合，——我们志趣相投。

这里的短语be on a different/ the same wavelength喻指"（与他人的观点或感情）不合/相投"，由长度（不）相等派生出观点或感情（不）相近/的比喻义来。

35 译文的功能

【原文】道路通，百业兴。

【译文】When roads arrive, all industries will thrive.

【评注】

"道路通，百业兴"这句话是中国到处可见的一条标语，押韵上口，言简意赅。交通基础设施的建设成为推进各项事业的先导行动。这条标语还有更通俗、更深入人心的版本，"要致富，先修路。"（To get rich, build roads first. 或Build roads and shake off poverty.）

道路通达是百业俱兴的前提，原文蕴含了因果逻辑。可以有多种译文来表达其中的深刻意义。为实现原文文本动员社会的功能，原文运用了对仗和押韵等审美修辞手段来强化语言效果。其中"通"和"兴"以近似的音韵押尾韵。

该标语作为公示语，要译出其中的语义信息，更要努力让译文具有原文一样的号召功能，激发人们认识修通道路的重大意义并支持筑路行动，以修路促进各行业的发展提升。

译文依据英文篇章形式特点，运用语篇衔接手段，增加从属连词when体现因果关系；以arrive和thrive押尾韵增强可读性，给读者留下较强印象。如此译法，目的只有一个：充分实现译文的号召功能，尽力在语言符号差异造成的传播鸿沟上架起沟通理解的桥梁，让不同文化的群体能多一分理解，少一些误解。

36 宁波帮

【原文】第三届世界"宁波帮帮宁波"发展大会

【译文】The Third Global Ningbo Community and Development Partnership Conference

第三届世界"宁波帮 帮宁波"发展大会海报

（图片来源：甬派客户端）

【评注】

　　语言是文化的表征，机构名称同样要有技术含量，不能马马虎虎。最近有教育培训机构名曰"猿辅导"在各类大型媒体平台上铺天盖地打广告，想想都让人脸红，我们人类都退化为四肢行走的动物了，让"猿"给孩子"辅导"功课？！

　　本则译例把"宁波帮"英译为 the Global Ningbo Community，从翻译的角度颇值得学习。"宁波帮"最初的意义是指对海外经营的宁波籍商人群体的概称，他们因诚信创业，乐善好施，发达后不忘回馈家国而名满天下。他们中有包玉刚、邵逸夫、董浩云、曹光彪、应其昌、赵安中、王宽诚、陈廷骅等众多知名实业家。党和国家领导人邓小平同志曾提出"把全世界的宁波帮都动员起来建设宁波"，此后包括屠呦呦、马友友、俞丽娜等文化、艺术、科学、教育等海内外各界宁波籍知名人士越来越多地加入建设宁波、建设中国的行列中来。宁波帮的影响越来越大。"宁波帮"一词的意义是动态的，不断丰富，难怪宁波帮博物馆的名称都很难准确地翻译成英文。对于包含地方名称的名词，如"宁波帮"一词，译者应依据不同的场景提供不同的译法，不能僵化。

37 英语的静态性

【原文】Their dreams commonly involved complex stories with visual imagery.

【译文】他们的梦里常常有很多复杂的情节，充满了意象画面。

【评注】

本句译文把原文中介词with引导的短语翻成动词"充满"，作另一个动词"有"的并列谓语，符合汉语句子的构造形式。

连淑能教授的研究表明，汉语句子内部一般往往使用多个谓语动词，英语句子却倾向于一个谓语动词，其余的信息用非谓语动词（如介词短语、现在分词短语、过去分词短语等）表示。[1]换个角度说，汉语的叙述具有动态性特征，而英语中叙述以静态性特点见长。而丰子恺在《初恋》译者序里也为类似的体验而感慨：

> 欧洲人说话大概比我们精密、周详、紧张得多，往往有用十来个形容词与五六句短语来形容一种动作，而造出占到半个page的长句子。我觉得其思想的精密与描写的深刻确是可喜，但有时读到太长的句子，顾了后面，忘记前面；或有时读得太久了，又觉得沉闷，重浊得可厌——这种时候往往使我想起西洋画：西洋画的表现法大概比东洋画精密、周详，而紧张得多，确是可喜；但看得太多了，又不免嫌其重浊。[2]

又如中文里常见的词语"外资准入负面清单"，《中国日报》上对应的英译文是"the negative list on foreign investment"和"the negative list for foreign investment"，定语中包含的动词"准入"以静态性质的介词on或者for诠释。

英语也往往使用表示状态的系动词进行叙述，而中文使用动态的实义动词讲话：

A. The route will be a boon for many travelers.

这条通道将方便许多游客。

B. He is at his books.

他在读书。

C. There are strong signs that his views are gaining ground.

有明显的迹象表明他的观点正越来越深入人心。

1　连淑能：《英汉对比研究》（增订本），高等教育出版社，2012，第133—158页。
2　丰子恺：《译者序》，[俄]屠格涅夫：《初恋》，丰子恺译，中国青年出版社，2016，第1页。

D. Although he's ninety, his mental faculties remain unimpaired.

他虽年届九旬，但头脑仍然清晰。

38 否定

【原文】They sought in vain for somewhere to shelter.

【译文】他们怎么也找不到一个藏身的地方。

【评注】

现代英文中表达否定的方式多种多样，是英汉翻译表达的一个难点。否定句的否定对象、否定范围、否定程度，犹如翻译"陷阱"，往往会导致翻译失误。

原文动词seek表示行为动作，in vain跟在动词之后表示动作结果，"无用地，毫无结果地"。字面看没有否定词，实际上是用in vain来否定动词。原文没有使用现代英文常见的动词前加否定副词not表示否定的形式，不落俗套，简洁有力。seek in vain for恰巧和中文"找不到"语序重合，翻译过程中的乐趣令人回味无穷。

When an Englishman passes a friend in the street, he does not always stop to talk.

英国人在街上遇见友人，不一定会停下脚步彼此寒暄。

此例中，not 和always连用，not always表示"未必，不总是，不一定"（不是百分之百地），指的是"有可能不"。如果翻译成"往往不"就错了，因为"往往不"意味着高频度的动作。

I know better than to believe him.

我才不相信他那一套呢。

2013 年到 2017 年间，"美国的道德良心"诺姆·乔姆斯基（Noam Chomsky）接受 C. J. 波利赫罗纽持续采访，反映出具有全球学术领导地位的语言学家、哲学家、关心社会的知识分子乔姆斯基一以贯之反对美国肆意扩张行为，以及对于资本主义全球化影响的深入思考。该访谈录结集出版，作品英文题名为 Optimism over Despair。该书中译本书名《乐观而不绝望》（上海译文出版社，2020）非常讨人喜欢。原因有二：

一是介词over以否定词"不"译出，"乐观"和"不绝望"对照，表达出了乔姆斯基对于人类虽然面临种种黑暗但是终究能够扭转历史进程走向更加光明的信念。

　　二是介词 over 以否定词"不"译出，书名以两个动词"乐观"和"绝望"为题，给读者传达的希望和信心十足，激发读者的跃跃欲试、积极行动的心理，非常符合该书的内容。虽说漫漫译途中常有译文妙手偶得的案例，但如此难得佳译一般都是译者深入理解原作的语言、文化和思想内容，并站在读者立场思考和翻译的智慧结晶。

39　民歌翻译

【原文】青线线（那个）蓝线线，蓝格英英（的）彩，生下一个兰花花，实实的爱死人。

【译文1】
Black threads and blue threads, blue than blue,
Lan Huahua was born, and loved by all.

【译文2】
Blue thread dark and light look like ever the best,
Blue Flower is born to the world so lovely and wet.

【评注】
　　原文取自流传久远的陕北民歌《兰花花》。陕北民歌是中国文化中的一朵奇葩，流传既久、影响甚广。伴随着各类网络社交媒体的兴起，这一脉源自黄土地深处的民间文化，迎来了又一轮发展高潮。民歌《兰花花》融合了对包办婚姻的谴责和对年轻英俊爱人的渴慕，"是陕北民歌的经典，或者说是经典中的经典"[1]，体现了陕北信天游风格的民歌强烈的叙事性。《兰花花》有国内译者精心提供的众多英文版本，但鲜见英语母语者的翻译。因此美国汉学家、历史学教授贺萧（Gail Hershatter）在其中国妇女研究著作《记忆的性别》中提供的译文1就格外引人注目。译文2是南开大学王宏印教授的译文。两相对照，中外译者的不同理念、视角，有不少值得借鉴和品味的地方。
　　贺萧的译文以第一人称视角和第三人称视角迭用完成叙事，王宏印的译文是第三人称叙事。
　　译文1把"青"和"蓝"分别译出；歌中陕北方言"蓝格英英（的）彩"意思是"又蓝又好看"，译文以 blue than blue 突出陕北方言"蓝格英

<hr />

1　王宏印：《西北回响：汉英对照新旧陕北民歌》，文化艺术出版社，2009，第65页。

英（的）彩"中"蓝"的纯粹。译文 2 用 blue 把"青"和"蓝"合二为一，预示命运的结果，以 look like ever the best 表现"蓝格英英（的）彩"的"彩"，略去了"蓝格英英"。

笔者把民歌《兰花花》的两种英译罗列如下，以供读者学习研究参考。

兰花花

青线线（那个）蓝线线，蓝格英英（的）彩，生下一个兰花花，实实的爱死人。

五谷里（那个）田苗子，数上高粱高，一十三省的女儿（呦），就数（那个）兰花花好。

正月里（那个）那个说媒，二月里订，三月里交大钱，四月里迎。

三班子（那个）吹来，两班子打，撇下我的情哥哥，抬进了周家。

兰花花我下轿来，东望西照，照见周家的猴老子，好像一座坟。

你要死来你早早的死，前晌你死来后晌我兰花花走。

手提上（那个）羊肉怀里揣上糕，拼上性命我往哥哥家里跑。

我见到我的（那个）情哥哥有说不完的话，咱们俩死活（呦）常在一搭。

Lan Huahua[1]

Black threads and blue threads, blue than blue,

Lan Huahua was born, and loved by all.

Of the five grains sprouting in the fields, the sorghum is tallest.

Of all the girls in the 13 provinces, Lan Huahua is the best.

In the first month of the year, the matchmaker comes.

In the second month, the engagement is settled.

In the third month, big money changes hands.

In the fourth month, they welcome the bride.

Three troupes of musicians blow their horns, two troupes beat their drums.

Casting off my beloved elder brother,

I am carried on a sedan chair into the Zhou household.

Lan Huahua stepped down from the sedan chair, looking east and glancing west,

She saw the monkey-faced old man, and it felt like the grave.

---

1 转引自贺萧：《记忆的性别：农村妇女和中国集体化历史》，张赟译，人民出版社，2017，第 164 页。

"If you want to die, die early.
In the morning your death approaches, in the afternoon, I, Lan Huahua, leave.
In my hand I carry lamb meat, in my arm I hold a cake.
I risk my life to run to my elder brother's home.
When I see my beloved elder brother, I have so much to say to him.
The two of us will be together, in life and in death."

Blue Flower[1]

Blue thread dark and light look like ever the best,
Blue Flower is born to the world so lovely and wet.

Of all crops in the field, sorghum grows the tallest;
Of all girls from the thirteen provinces, Blue Flower is the prettiest.

In the first month she sees the matchmaker, in the second she's engaged.
In the third the down payment given and the next she's taken in.

Three troupes blow the trumpets, and two beat the drum and gong.
She is transported into Zhou's without seeing her true lover.

Now, Blue Flower is off and looks around——— what does she see?
She sees a little old fellow, retching at his home like a tomb.

"Damn on you, and you must die soon, no more!
You die in the morning , and I will go in the afternoon!"

Then with mutton in hand and millet cakes under her arm,
She is running away direct to her lover's home!

She sees her lover and has so much to say:
"Dead or alive, together we must always stay."

1　王宏印：《西北回响：汉英对照新旧陕北民歌》，文化艺术出版社，2009，第 65 页。

40 地理意象

【原文】 The darkness was engulfing my house with an eerie silence and it sent me into an imaginative mood.

【译文1】 黑暗笼罩我的房子，寂静得瘆人，却激活了我的思绪，任想象飞翔。

【译文2】 房子笼罩在黑暗之中，寂静得瘆人，不由得我思绪万千，胡思乱想。

【评注】

　　原文写颜色、声音以及人的感受；地理（环境）异常，人却进入享受状态。译者要感受到其中的对照意味。黑暗和寂静困住了屋子，却限制不了屋内人的思想。动词engulf由动词前缀en-和名词gulf结合组成；通过非动词向动词转化，engulf激发读者头脑中生动立体的"海湾"地理意象，表达效果远胜surround之类词语。

　　英文显性形式衔接特征使得整句话指代具体、事件的动因和结果明确，这种形合结构表现为句子内部各成分之间必须使用连接词。句中的it指代连词and 前面的一整句话。相较于英文，中文的语法却以代词、连词缺省和名词单复数不分而呈现出语法模糊，即中文以隐性形式衔接为主要特征，人和环境融为一体，一句话中既交代客体，也对主体的人加以叙述。

　　原文的and与其说表达了并列关系，不如说表达的是一种顺承关系。译文把环境对人的影响表达得清清楚楚。

　　再看一则中英文代词使用差异的翻译实例，其中蕴藏的智慧亦意味深长：

Never let your emotions overpower your intelligence.

永远不要让情绪压倒智慧。

41 语言的时代性

【原文】 Time and tide waits for no man.

【译文】 岁月不等人。

【评注】

语言具有时代性。不同的时代会有一些不同的"爆棚"概念，语言的时代性反映了社会文化的变迁、特定群体语言生活的潮起潮落，记录了人类思维留下的创新印迹。无论阅读、写作还是翻译，对于语言的敏感却是十分必需的。对于原文的理解是翻译工作至关重要的第一步。

原文是一句流传了 700 多年的英文谚语，其中 tide 在古英语里是"季节"的意思，而不是现代英语中的"潮流、潮水"之意，time and tide 合用表示"时间；岁月；光阴"。至今，英文中仍保留有 to work double tides（用加倍的时间工作，极其努力地工作）这一短语。

另外，本句话还涉及否定转移的问题。no 置于名词 man 前面，形成句子的绝对否定意义，这是古英语的遗风，和现代英语中动词前面加上 not 表达否定的句法是不一样的。古英语中也有把 not 放在动词之后表达否定的用法，至今偶有使用。例如，They knew not whither they went.（他们不知要去哪里。）这样的表达典雅古朴，为英语语言添加了历史的韵味，让读者体味到语言和文化相互交织的厚重感、沧桑感。再如：

So every defect of the mind may have a special receipt.

头脑中凡有缺陷，皆有特药可医。（王佐良译）

原文语出英国哲学家弗兰西斯·培根（Francis Bacon）的散文名篇《论读书》，属于典籍文本，对于其中的词语需要以文本出现时的意义来理解、翻译。《新牛津英汉双解大词典》（上海外语教育出版社，2007）中 receipt 词条下有义项"*archaic* a recipe〈古〉处方"。如脱离文化语境，则无法正确理解原文，则无法提供准确翻译。

下面这句英文也是培根《论读书》中的名言，中译文是王佐良先生的文笔，你是否发现其中某个词语语义的历时变迁了呢？

Reading makes a full man, conference a ready man, and writing an exact man.

读书使人渊博，交谈使人机敏，写作使人严谨。

无论英语汉语，词语的密林中如吉光片羽般闪现的历史语词为我们的心灵家园——语言——增添的历史风尘总会激发我们求知的渴望。下句中的 get nothing 翻译成"任何收获"，您会如何理解 save 的用法？

In this life we get nothing save by effort.

在人的一生中，任何的收获都要通过努力去获得。

历史的传承是最牛的文化软实力，所以人们敬畏、致敬那些经历史淘洗而流传至今的经典。经典文本的翻译更要经得起时间的洗礼，经得起数代人的挑剔、比较和品评鉴别。

42 动词的多样性

【原文】伟大的背后都是苦难。

【译文】Behind all the greatness is misery.

【评注】

中译英实践时，确定译文所用的动词是非常重要的步骤，这会影响到译文的整体效果，值得翻译学习者研讨。笔译反映的是书面文字思维，不同于口语思维。

除了上面的译文，还有多种可能的译法表达"伟大的背后都是苦难"这句话。下面列出的一些译法各具特点，使用的动词各不相同，异彩纷呈的表达在不同语境中可以各显其能。

Sufferings preceded the greatness.

The greatness took its shape after sufferings.

The greatness is based on sufferings.

Sufferings paved the way for the greatness.

Having conquered sufferings, the greatness ensued.

Sufferings molded the greatness.

The greatness made its voice heard through sufferings.

The greatness never fails to outshine sufferings.

The greatness never fails to frustrate sufferings.

Behind every greatness is suffering.

Suffering makes the greatness.

Break through sufferings and the greatness follows on.

Overcome sufferings and the greatness follows on.

Get the better of sufferings and the greatness awaits/ turns up/ arises.

若用"outdo"如何翻译上句话？还有别的译法吗？

43 影响语言的因素

请翻译下文中斜体部分的句子。

【原文】*I was an adult since the age of five.* That was nothing unusual. The kids I played with carried their family's little ones on their backs, tied with a piece of cloth. The little ones played with their own snot while we played hide-and-seek. I was put in charge of managing the family because my parents were in their working units all day, just like everyone else's parents.

Red Azalea（《红杜鹃》）

【译文】我从五岁起就成年了。

【评注】

乍一读，开头第一句话写得惊心动魄：不合逻辑啊！正因为不走寻常路的段落开头，所以点燃了读者继续阅读下去、一探究竟的好奇心。

原文的段落依着第一句话徐徐展开。作者知道读者看了她这句扎心的开头会跳起来，所以紧接着来了一句 "That was nothing unusual."（这没什么大不了的），看似漫不经心，实则与前一句奇崛对照，进一步激发读者探索的好奇心，也说明当时小大人现象非常普遍——双重否定结构 nothing unusual 本身具有强烈的强调意味。当时各家人都是这番光景：大人上班，大点儿的小孩儿照看更加年幼的弟妹、管理家务。小孩儿毕竟是小孩儿，玩起躲猫猫游戏来不管不顾的，弟弟妹妹们不懂事，鼻涕流出来没人管，似乎成了手中的玩具。小说读来给人印象不可谓不深刻。

译者在理解原文时要看到整段话，才能进入表达阶段，才能安心翻译开头第一句话。至此，"I was an adult since the age of five."（我从五岁起就成年了。）这句话的逻辑合理性就水到渠成。

我们看到，语法不是衡量书面语言的唯一标准，还有其他的语言因素、非语言因素共同在语言效果中发生作用。

显然，译者要有整体观、全局意识，方可跳出文本的限制，在更大的文化语境中理解原语文本的语言意义、审美意义乃至社会意义，给读者提供优质、优美的译文。

44 感性思维

【原文】它保持了酱香浓郁、典雅细致、协调丰满、回味悠长等贵州茅台的特点。

【译文】Moutai Liquor possesses unique style and flavor and is an extremely enjoyable drink.

【评注】

1）翻译中有一类很常见的现象，就是原语文本中的一些概念在译入语中找不到对应的词语，因为不同民族对于世界的看法和分类是不一样的。本例就提供了一个此类样本。

2）原文里"酱香浓郁""典雅细致""协调丰满""回味悠长"四个短语结构，都是表达主观感受的词语，如果照字面翻译的话，将会冗长啰嗦，难以讲清楚；而且，即使把这些表达主观感受的词语一字不落译成英文来介绍贵州茅台酒的特点，译文显而易见的感性思维对于以理性思维见长的西方读者也难以接受。

下例中理性、抽象的短语 without my knowledge（我不知情）译成了感性、具象的"背着我"。

She sent the letter without my knowledge.

她背着我把信寄了出去。

3）本例译文显然以译文接受者为中心，如原文中表达主观感受的细节描写，译文用概括性的形容词 unique、enjoyable 和客观意味浓厚的范畴词 style、flavor、drink 组合加以表达。换句话说，译文把原文的感性思维转化成译文接受者的理性思维，因而更易于译文读者接受。译文作为媒介把汉语世界的社会现实展示给了英语世界，连接起了受到不同文化浸润的两个民族。

4）译者从供给侧（译文）解决了中、英文概念不完全对应的问题，从思维层面克服了传播效果问题，值得翻译学习者咀嚼、借鉴。

45　信息整合

【原文】浙江真丝印花绸采用精细手工印制，花样新颖别致，色彩鲜艳夺目，实是各式名贵服装和礼服的理想的高级面料。

【译文】Elegant and up-to-date in designs, attractive and delightful in shades, the Zhejiang printed pure silk fabrics are elaborately printed by hand, and are really an ideal quality material for noble-looking garments and ceremonial dresses in various styles.

【评注】

与文学文本相比，非文学文本的翻译涉及的文化观念冲突较少，信息性较强，翻译过程中通常需要把原文本的信息仔细甄别之后，再通过译入语的语言表达出来。

这里原文可以分成 4 个信息结构：

①浙江真丝印花绸 ②采用精细手工印制，③花样新颖别致，色彩鲜艳夺目，④实是各式名贵服装和礼服的理想的高级面料。

结构①是句子的主语，提出被描述产品，结构②讲产品的工艺，结构③讲产品的特点，结构④说产品的性质、用途。其中，结构①④构成总体信息，结构②、③构成细节信息。原文整句话，从局部细节到句末整体托出，很有说服力。

但是，汉语以意合为主要特征，所以从结构形式上看，原文结构②、③和结构④呈并列关系，整句是汉语常见的流水句式，译成英文后信息需要有主次之分，以满足英语的"重形合"特性。

本句译文通过调整语序，以细节信息结构为次要信息，置于句首作状语，而总体信息结构①④构成全句的"龙骨"框架，表达主要信息。这样，原文信息①②③④的次序，在英语译文中就变成③①②④，语法结构明确简洁，逻辑清楚，译文表达方式反映了英语民族的思维习惯，为有效跨文化传播打下了良好基础。

46 专有名词

【原文】浙江长龙航空有限公司（简称：长龙航空）成立于 2011 年 4 月，是浙江唯一本土航空公司，拥有国内国际、客运货运全牌照运营资质，填补了浙江没有本土航空的空白。

【译文 1】*Zhejiang Long Air Co., LTD. (hereinafter referred to as long Air), founded in April 2011, is the only local airline in Zhejiang, with domestic and international, passenger and freight license operation qualifications, filling the gap of no local airlines in Zhejiang.（有道翻译，2020-10-26）

【译文 2】*Zhejiang Longlong Airlines Co., Ltd. (abbreviated as Longlong Airlines) was established in April 2011. It is the only local airline in Zhejiang. It has full licenses for domestic and international passenger and cargo operations, filling the gap where there is no local airline in Zhejiang.（谷歌翻译，2020-10-26）

【译文 3】Zhejiang Loong Airlines Co., Ltd. (abbreviated as *Loongair*) was established in April 2011, as the only native airline in Zhejiang province, which has filled the gap of Zhejiang's lack of a local air carrier. It has acquired the domestic and international full-license operating certificates for passenger and cargo air transportation.

浙江长龙航空有限公司客机
（图片来源：planespotters.net）

【评注】

1）译文 3 中，Loongair 这个译法遵从的是专有名词翻译"名从主人"的原则。"Loong"这一创译，把中文的"长"和英文的"long"巧妙结合在一起，作为机构专有名称具有强烈区别性，易于识别且个性十足，文化传播效果和商业广告效应均不可小视。

译文 1、译文 2 都违背了该翻译原则。

2）笔者是不认同 Loongair 这个译名的，Loongair 把 Loong 和 air 两个单词组合在一起了，对于译文接受者（英语读者）比较费力才能识读"Loongair"的所指。如果改写成 Loong Air，或者 Air Loong，更符合英文中常见的航空机构名称命名惯例，给译文接受者的视觉冲击更大、心理认知刺激更强，传播效果自然会有效提高。

浙江长龙航空有限公司（简称：长龙航空）的英文官方名称 Zhejiang Loong Airlines Co., Ltd.，英文官方名称缩写就是 Loongair（如上图所示）。所以笔者虽然在这里坐而论道，从语言理据上不赞成 Loongair 这样的译法，但作为译者，既要尊重语言事实，又要遵从译名名从主人原则。因此，修改后的译文（译文 3）依然采用该航空公司的现有官方说法 Loongair。这是译者的职业道德使然。

47 文化地理

【原文】"等闲识得东风面，万紫千红总是春。"在中国共产党的领导下，经过近 70 年奋斗，我们的人民共和国茁壮成长，正以崭新的姿态屹立于世界东方！[1]

【译文】As an old Chinese poem goes, "When I glance at the visage of vernal breeze, I know that a thousand flowers of purple and red set spring aglow." After nearly seven decades of hard work under the leadership of the CPC, our people's republic has been growing vigorously, and with an entirely new posture, it now stands tall and firm in the East. [2]

【评注】

本例讨论如何翻译在当代文本中引用的古典诗词。原文出自 2018 年 3 月 20 日，习近平在十三届全国人大一次会议闭幕会上的讲话。

中国日报网刊登的译文以 vernal breeze（春风）对应"东风"，原文的地理之"东"，译文转化为时间之"春"（vernal）；从文化地理分析，该词的意象是准确的，东风在中国是春天吹来的。从语法看，诗歌里隐含的关联成分，译文化简为繁，化隐为显，一一明确化。

也有学者提供了另一种思路，朱熹的这句诗在这个语境中可以翻译成 "The east wind always makes a spring." 理由是，east wind 保留了原语文化中的地理意象，保留了与原诗相似的氛围、意境。但该译法的不足是客观上会增大西方读者的阅读理解难度。毕竟在这个非文学语境（具体说，在这个政治演讲文本）中，这句话是为了引出下文真正的话题，重在引发联想，强调中国社会实践殊异于西方的特色，所以这种异化译法是弘扬中国文化的有益尝试。不要脱离语境讨论诗句的译法，否则讨论没有实际意义。

48 词语的褒贬情感

【原文】中国金鸡百花电影节

【译文】China Golden Rooster & Hundred Flowers Film Festival

【评注】

"中国金鸡百花电影节"的英文名称是 China Golden Rooster & Hundred

1　新华社：《习近平在十三届全国人大一次会议闭幕会上的讲话》（中英双语全文），2018-04-18，中国日报网（http://language.chinadaily.com.cn/2017xuexi/2018-04/18/content_36050923.htm），2020-03-15。
2　新华社：《习近平在十三届全国人大一次会议闭幕会上的讲话》（中英双语全文），2018-04-18，中国日报网（http://language.chinadaily.com.cn/2017xuexi/2018-04/18/content_36050923.htm），2020-03-15。

Flowers Film Festival。确认过眼神，其中"金鸡"是"Golden Rooster"，而绝不是"Golden Cock"，因为意思同样是"鸡"，cock 还有其他常用但不登大雅之堂的联想意义和文化内涵。

　　跨文化传播中语言的文化因素最容易造成误会，多半是因为中文和英语不同的言外之意造成的。词语意义的褒贬色彩往往反映出说话人的情感倾向，译者的责任就是在恰当的时机场合选择恰当的词语、句式表达恰当的意义，准确传达说话人的意思，消除而不是增加听话人的误会。

Mr Smith has stepped into **the vintage year**.

史密斯先生已步入成熟之年。

（用美酒酿成之年比喻成熟之年，表示褒扬）

It is the **champion** of the colonial regime and of apartheid.

这是这个殖民政权和种族隔离的罪魁祸首。

（champion 是"拥护者、捍卫者"之义，有 the colonial regime 和 apartheid 作定语加以限制；译文要表达出原文的反对意味。）

　　多说一句。译者是完整的、幸福的。他们知道自己在做什么，在翻译过程中了解每一个细节里的喜怒哀乐，真实地体验人类的丰富情感。翻译实践是和译者自身心灵体验紧密关联的具体劳动，译者没有被现代科技异化成在流水线上片面、机械、重复、可替代的工人角色。

49 文化价值观

【原文】礼义廉耻，国之四维。四维不张，国乃灭亡。

【译文】Propriety, justice, honesty, and humility are the basis of a nation. A lack of propriety leads to an improper society, a shortage of justice puts a nation into chaos, a want of honesty brings a nation down and an absence of humility ruins it.

【评注】

　　原文典出《管子·牧民》，可以说是中华民族春秋时代的核心价值观。"四维"是中国文化色彩的词语，由"数字+汉字"组成，英译文通过具体点明"四维"的含义，期待在译文读者身上产生与类似原文对读者产生的阅读效果。

　　"不张"一语，反说正译：原文是否定表达，译文中分别用 lack、shortage、want 和 absence 四个词语的肯定表达式译出，因为英文不喜重复同样的词语。"不张"在原文中是谓语动词，译文中否定意义转移到主语上了。否定在句子中的位置、表达方式有所差异，这是中英文不同的地方，值得品味、借鉴。再如：

Whatever happened in the past is gone, the best is yet to come.

无论过去发生了什么，最好的尚未到来。

这句英文用句式 to be yet to come 表示"还没有到来"，并没有明显的否定词。

I can't stand the sight of him!

我看见他就烦！

"四维不张，国乃灭亡"一句的"四维"是 propriety、justice、honesty 和 humility，"不张"都具体化了，详细译出。"四维不张"与"国乃灭亡"之间蕴含因果关系，分别用 lead to、put...into...、bring...down、ruin 四个动词表达这种逻辑，也把"灭亡"一语的含义具体化，易于读者理解，可算是"把读者放在心上"（reader-friendly）的译法。

当代华裔地理学家段义孚曾说过，"文化的影响力是通过我们每一个个体的传承而实现的"[1]。每一次翻译都是文化传承和传播的努力。

50 翻译的对话性

【原文】To be humble to superiors is duty; to equals courtesy; to inferiors nobleness.

【译文】对上司谦恭是本分；对同事谦逊是礼貌；对下属谦卑是高尚。

【评注】

原文语出本杰明·富兰克林（Benjamin Franklin）著述的箴言集《穷理查年鉴》（*Poor Richard's Almanac*）。

翻译是个原文和译文互相诠释的过程。译文是译者对于原文的诠释理解，译者通过解读原文线索，来获得对原文社会历史的理解。译文读者通过译文理解原文的信念和价值观，在这个对话过程中实现了文化之间的同情、理解。因而翻译本质上具有对话性，是作者、译者、译文读者共同参与的以文本为载体的跨文化、跨时空的多声部对话。

翻译绝不是一种个人行为，从一开始，翻译就是公共行为，指向社会服务。翻译是知识介入社会的方式，具有公共精神。humble 分别译成"谦恭""谦逊""谦卑"，是因为中文里这三个词语使用的对象有所区别，与

---

1 [美]段义孚：《恋地情结》，志丞、刘苏译，商务印书馆，2018，第369页。

中国文化有关，译文与现实密切关联。译文对于humble的三种译法，充当了英汉两种文化展开对话的桥梁。

51 语言的形象性

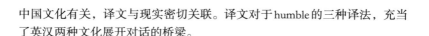

【原文】When she opened the door she was greeted by a scene of utter confusion.

【译文】她打开门，一片混乱不堪的景象呈现在她的眼前。

【评注】

英语词汇的转义常常使得本来抽象的事物顿时在语境中无限灵动。动词be greeted by（受到……欢迎）把the scene of utter confusion比喻成会思想会行动的人了，这样的语言所描述的场面何其生动。下文的kiss在译文中同样表达出欢快的情绪。

The wheels of the aircraft kissed the runway.

飞机的轮子擦过跑道。

香港著名作家董桥的翻译特点是，中文里能不用介词和连词就不用。且看他翻译的几个句子。一个"套"字，一个仿照"战无不胜"临时造词"只战不胜"，把意思表达得明明白白。

Love is only the dirty trick played on us to achieve continuation of the species.

———W. Somerset Maugham

爱情只是套我们去传宗接代的卑鄙手段。——毛姆

Love conquers all things except poverty and toothache.——Oscar Wilde

爱情战无不胜，只战不胜贫穷与牙痛。——王尔德

以形象的语言表达诉说抽象观念，把枯燥、沉闷的事物讲述得天明草绿、莺歌燕舞，译者只需用心发现、巧加利用，就可以让译文清新可读。比如：

这些观点中有些值得进一步探究，但是没有必要全部重来。

Some of these ideas are worth pursuing, but there is no need to reinvent the wheel.

这里reinvent the wheel就是以具象（重新发明轮子）代替抽象（waste time creating something that already exists and works well/重复发明；无谓地重复；浪费时间做无用功；白费力气做重复工作），以读者熟悉的词语和文化意象吸引读者的注意力。

52 避免重复

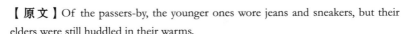

【原文】Of the passers-by, the younger ones wore jeans and sneakers, but their elders were still huddled in their warms.

【译文】行人中，年轻人已经身穿牛仔裤，脚蹬运动鞋，而年长者仍裹着保暖大衣，蜷缩一团。

【评注】

"一般来说，除非有意强调或出于修辞的需要，英语总的倾向是避免重复。讲英语的人对于随意重复相同的音节、词语或句式往往感到厌烦。"除了替代和省略等变换手段，"英语还常用同义词、近义词替换或上一次替代下义词等方法来寻求变换以避免同词重复。"[1]

所以，原文名词多样，连动词也各具特色，年轻人和年长者衣着和动作神态对比明显。原文 were huddled in 的使用实在是为了句中不必再次使用动词 wore 的缘故。避免重复同一个动词，事实上不同的动词也能够让句子对 their elders 的描述和 the younger ones 各具特点，读起来栩栩如生，读者的代入感强烈。因此，译文尽量体现原文这种意蕴丰富的细节，让不同的动词激发读者的阅读快感。下例中 crisis 和 woe 同时用在一个句子里也是出于同样的写作心理原因：

This lack of unity is Europe's third and most profound crisis, one that underlies the continent's economic and political woes.

除了政治、经济两方面的顽疾，欧洲还潜藏着第三种危机，也是最深刻的危机——不团结。

53 转义

【原文】The new show took London by storm.

【译文】新演出使全伦敦的人为之倾倒。

【评注】

识别词语在语境中的意义是翻译过程中译者永恒面对的问题，虽说司空见惯，但再怎么强调都不算过分。动词 take...by storm 意思是 to be

---

1　连淑能：《英汉对比研究》（增订本），高等教育出版社，2012，第221、230页。

extremely successful，显然是引申义。London 在本例中产生了语境意义，指的是"伦敦人、伦敦的观众"，而非"伦敦"城市本身。

任何词语的词义演进总是从人对于自身所处的自然界的认识开始，逐渐向心灵、情感、思想进行抽象，本义是具体的，转义（包括引申义、比喻义、派生义等）是与词语的本义相对的。要做到有效传播，译者的首要工作是准确理解原文，包括掌握词语的丰富含义，以及辨别多义词各义项之间的衍生关系。请品味下面的翻译例句中 storm 的含义：

The storm broke. (=The storm suddenly started.)

暴风雨袭来。

The governor found himself at the centre of a political storm.

州长发现自己处于政治风暴的中心。

Government plans for hospital closures provoked a storm of protest.

政府关闭医院的计划引发了抗议风暴。

His speech was greeted with a storm of applause.

他的演讲博得暴风雨般的掌声。

The photos caused a storm when they were first published.

那些照片最初出版时引起强烈的反响。

We thought that they had decided not to get married but their quarrel was just a storm in a teacup.

我们以为他们已经决定不结婚了，可是，他们的争吵不过是小题大做而已。

54 主语多样化

【原文】中国将秉持开放、合作、团结、共赢的信念，坚定不移全面扩大开放，将更有效率地实现内外市场联通、要素资源共享，让中国市场成为世界的市场、共享的市场、大家的市场，为国际社会注入更多正能量。

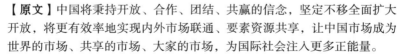

【译文】Going forward, China will stay committed to openness, cooperation and unity for win-win results. We will steadfastly expand all-round opening up and explore more efficient ways to connect domestic and foreign markets and share factors of production and resources. Our aim is to turn the China market into a market for the world, a market shared by all, and a market accessible to all. This way, we will be able to bring more positive energy to the global community.

【评注】

翻译采用了拆分长句的方法，把原文包含了7个动词的汉语长句用4个英文句子完成。增强了译文的可读性、可接受性。原文的主语是"中国"，译文的几个句子的主语分别是China、We、Our aim和We，不同的词语却统统指向"中国"这个描述对象，这体现了英文不喜欢重复同一个词语来表述同一个对象的特点。其实，不同的名词正好说明了同一个描述对象的不同面相，读者对于该描述对象的认识会因此而更加立体、丰富。

另外，第三句译文的动词和其余三句译文的动词有所不同，在整齐划一的秩序中显现一点变化，不死板，译文也就读来趣味顿生。

【知识点】

中国国际进口博览会作为世界上第一个以进口为主题的大型国家级展会，包括展会和论坛两个部分。展会即国家贸易投资综合展和企业商业展，论坛即虹桥国际经贸论坛。举办中国国际进口博览会，是中国着眼于推动新一轮高水平对外开放而做出的重大决策，是中国主动向世界开放市场的重大举措。这体现了中国支持多边贸易体制、推动发展自由贸易的一贯立场，是中国推动建设开放型世界经济、支持经济全球化的实际行动。

【相关词汇】

中国国际进口博览会 China International Import Expo

开放型世界经济 open global economy

互利共赢的开放战略 a win-win strategy of opening-up

55　隐喻

【原文】 The Government was cooking the books and misleading the public.

【译文】 政府在篡改数据误导公众。

【评注】

原文中cook the books是英文常用成语，在《朗文当代高级英语词典》第6版中的释义是"to dishonestly change official records and figures in order to steal money or give people false information 做假账；篡改资料"。从语义角度看，动词cook的语义从烹饪转移到更大的范围，使用语境发生了变化。与此义相关的还有个动词短语cook something up，意思是"(informal) to invent something, especially in order to trick somebody"(捏造；杜撰；编造)，如to cook up a story (编造故事)。这样的用法在语言中俯拾皆是，充满了无限的

民间智慧，翻译时既是考验译者理解的难题，又能够让翻译过程乐趣无穷。

成语cook the books，作为文化的结晶，是常规（convention）和创造（invention）这两大要素的结合。常规性体现在cook这个动词为其使用者和读者受众事先所知的本义（做饭、烹饪），宾语一般是食物、食材；而创造性则体现在cook一词的比喻义"像做饭那样加工、改造"，宾语是非食材，这是成语生产者（也是使用者）独一无二的想象，旧瓶装新酒，cook the books顿时鲜活起来。再看一个词语隐喻的例子。

1）He grasped my hand and shook it warmly.

他热情地抓住我的手握了起来。

2）It took him some time to grasp that he was now a public figure.

他过了些时候才意识到自己已是个公众人物了。

词语grasp在例句1）中是本义"抓紧；抓牢"，而在例句2）中是"理解；明白；领悟；领会"的意思，是喻义。从例句1）到例句2），grasp的语义从身体动作转化为思维行为，是逐渐抽象化的发展过程。换个角度看，例句2）中grasp的用法是把较为抽象的内在行为具象化了，用日常的动作表达较为抽象的行为，并使之栩栩生动起来。

56 翻译的理据

【原文】浙江书展

【原译】*Zhejiang Bookfair

【改译】Zhejiang Book Fair

【评注】

浙江书展永久落户宁波市。书展既有主题交流研讨、全民阅读推广讲座、新书首发等书展保留项目，又有出版业成果展示、出版物销售、文创生活等活动，为高水平推进文化浙江建设营造浓厚氛围。

美中不足的是该书展的英文名称"Zhejiang Bookfair"。Bookfair不是正确的英文单词，不符合英文读者的文化，读者也看不出Bookfair的含义来，必须改成Book Fair两个词语，才是合适的译法。

修改既有语言学理据，也有国内外现有翻译案例（如下图所示）可资参照。

从语言学上看，"书展"中文是一个词，对应的英文是词组a book fair，每个单词之间留有空格，否则就是错误的。看似一个空格的问题，不足挂齿，实际上不符合英文正字法和语法。英文单词之间的空格问题实质上是文化问题。从翻译的角度看，不是每一个中文概念必然对应一个英文单词，反之亦然；若真是这样对应的话，那机器翻译早就非常成熟了，而这并没有变成事实。一个中文词语译成英文，可能是一个单词，也可能是一个词组，还可能一句话都讲不清楚原文那个词语的意思。翻译的复杂性就在这里。

《朗文当代高级英语词典》第 6 版中有 the Frankfurt Book Fair（法兰克福书展）、a book fair（书展）等示例条目。另有 The London Book Fair（伦敦书展）、Hong Kong Book Fair（香港书展）等遵循了语言学理据的应用语例，规范、可靠、易懂，译者只需网上查询相关的官方网站，便可以验证、解决自己在翻译工作中的疑惑，又能生产出合格甚至优质的译文。翻译要严谨、专业，才能令读者信服，才能产生促进跨文化沟通的积极社会价值。

各类书展官方网站展示

57 意境

【原文】红枫矗立，云雾缭绕，斑斓如画。虽然立冬已过，但还没来得及赏秋的小伙伴，这里有个"仙境"推荐给你们——江西婺源。

【译文】Dreamy photos bring you into a wonderland with red maples shrouded in mist in Wuyuan County, east China's Jiangxi Province.

【评注】

这是央视国际频道CGTN的一则中英文双语微博，还配有若干图片，图文并茂介绍著名风景小城江西婺源，作用类似于公益广告。

微博下网友留言各个不同，@大橘的量子意识吐槽说"翻译出来，意境全无"，@心随古豫章认为"中文和英文两种文字表达不同，意境不同"。

其实不尽然。看来中英文比较就值得咀嚼了。

既然是旅游城市推荐广告，其中文原文的主要功能就是传播信息，激发读者去收看有关婺源的电视片。英译文的任务就是复制原文对读者产生的促销效果。广告文体的翻译一般要符合三条规则：一是广告效果优先：译文和原文取得的效果尽量同等；二是符合译入语文化，让译文读者容易理解；三是服从译入语广告规范和特点。

所以，英译文不能像中文那样，第一句先描述图片优美意境的细节，第二句直到句末才点出话语要点——推荐婺源美景。相反，英文的特点是开门见山，如梦似幻的图片（dreamy photos）记录的是婺源"红枫矗立，云雾缭绕"的仙境般美景（a wonderland with red maples shrouded in mist in Wuyuan County）。译文主语 dreamy photos 把语言符号和图片整体联系起来，译文把原文句子"红枫矗立，云雾缭绕，斑斓如画"转化为短语 with red maples shrouded in mist，"江西婺源"则译成 Wuyuan County, east China's Jiangxi Province，添加"县""省""华东"等地理信息词语，便于读者理解。这些语言转换措施，目的都是实现理想的广告效果。译文抓住"红枫""云雾""仙境"三个关键词来广而告之秋天的婺源美景。

比较本条讨论的译例和下面的例子：

【原文 1】我了解一些蜜蜂和养蜂的知识，这让同学们大吃一惊。

【译文 1】I surprised my classmates with my knowledge of bees and beekeeping.

可以发现中文句子（我了解一些蜜蜂和养蜂的知识）在英文中转化成名词性短语（my knowledge of bees and beekeeping），换言之，英文的名词性短语可以包含有动词意味。其中的韵味全由读者的思考才形成生动的画面、意境。

58 语义转移

【原文】神兽

【译文】divine beasts；quaranteens

【评注】

2020 年年底，《咬文嚼字》杂志编辑部照例发布了年度十大流行语：

"人民至上，生命至上""逆行者""飒""后浪""神兽""直播带货""双循环""打工人""内卷""凡尔赛文学"。

2020 年的流行语记录了一年来中国人的社会生活和语言生活，带有明显的抗击新冠疫情的特色，总体上呈现出今年社会流行语的全民性，融合了不同年龄层次、社会群体、社会背景的语言使用者，完全不同于往年的年度流行语特征。

虽然"神兽"2020 年在社交媒体上大火，但这是一个早已存在的词语，旧有词汇产生了新的含义。语言学上称此类现象为语义转移。语义转移，使得语言表达生机勃勃。

"神兽"即神异之兽，本指中国古代民间神话传说中的动物，现专指自 2020 年上半年开始因受疫情影响全国各地延期开学而居家上网课的孩子。孩子们天性活泼，没有教师监管，在家学习会调皮捣蛋，出格之事时有发生，家长不得不与之斗智斗勇，使出各种招数，监督孩子保质保量跟上网课的进度，犹如与"神兽"相斗。家长们心力交瘁，盼望疫情早日平复、学校早日复课，当下半年国内疫情控制成效卓然，学校计划开学，"黔驴技穷"的家长们大呼"神兽归笼"。"神兽"便成为新冠疫情期间居家上网课的孩子的代称。"神兽"表达了家长们对孩子深深的爱意，同时又饱含与孩子话不投机的无奈，对孩子学业的焦虑，甚至对孩子的怒气等五味杂陈的复杂心情（mixed feelings）。

"神兽"译成"divine beasts"，体现出了原文爱"恨"（恨铁不成钢）交加的丰富意蕴，可谓英文矛盾修辞格（oxymoron）恰如其分的实例。

此外，《剑桥英语词典》在官方博客就"2020 年度新词"进行问卷调查时曾把 quaranteen 纳入备选词，这是由 quarantine 和 teenager 两个词语的词头拼缀组合的词语，意指因疫情隔离而居家的孩子（a teenager in lockdown），与中文"神兽"有异曲同工之妙。看来，疫情封锁措施下的青少年，无论中外，对家长的挑战都是一样的。

59 色彩文化

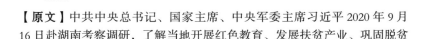

【原文】中共中央总书记、国家主席、中央军委主席习近平 2020 年 9 月 16 日赴湖南考察调研，了解当地开展红色教育、发展扶贫产业、巩固脱贫

成果等情况。[1]

【译 文】President Xi Jinping, also general secretary of the Communist Party of China Central Committee and chairman of the Central Military Commission, inspected Hunan Province on September 16, 2020. Xi learned about education on the history of revolution, poverty relief industries, and progress in consolidating poverty eradication.[2]

【评注】

    在100多年革命、建设、改革的伟大实践中，中国共产党带领人民创造了独特的红色文化。红色代表着希望、胜利、创造、勤劳、勇敢、自力更生、艰苦奋斗、不怕流血牺牲等积极含义，是中国共产党价值追求和中华民族精神内涵最生动的象征。"红色教育"是负载隐喻意义的中国文化特色词语，如果按字面翻译成英语，英文读者未必能正确理解其中深刻的文化含义（英文中red一词常常蕴含消极的意义，比如：in the red 负债、亏损、赤字；red light 危险信号、红灯；into the red 负债、财政情况欠佳；see red 突然发怒、大怒）。译文以放弃隐喻喻体而径直呈现本体的办法把"红色教育"译成education on the history of revolution，摆脱了文化沟壑造成的跨文化交流障碍；读者不必付出过多的认知努力即可接受其中的信息，因为译文好读易懂。此法可资翻译文化负载词者借鉴。

60 语序

【原文】We don't live alone upon this earth. We are responsible for each other.

【译文】在这个世界上我们并非独自生活，而是对彼此都负有责任。

【评注】

    1）英文两句话，一反一正，对比说明人和人之间互相关心、帮助的重要，对比不仅仅体现在否定词上，更体现在不同的动词上。否定和肯定各自成句，坚定的语气不容置疑，给读者深刻印象。

    2）译文以"并非……而是……"形成对比修辞，把原文合成一句话译出。译者通过标点符号这个细节体现了翻译工作的专业性和工匠精神。

    3）语序很重要。译文把时间状语"在这个世界上"（upon this earth）

1 "每日一词｜红色教育 education on the history of revolution"，2020-09-19, https://language. chinadaily.com.cn/a/202009/19/WS5f656620a31024ad0ba7a89c. html, 2021-01-24.

2 "每日一词｜红色教育 education on the history of revolution"，2020-09-19, https://language. chinadaily.com.cn/a/202009/19/WS5f656620a31024ad0ba7a89c. html, 2021-01-24.

提前到句首，因为"在这个世界上"事实上是对句中两个动词"并非独自生活"和"对彼此负有责任"的修饰，即深层含义是"我们并非独自生活在这个世界上，而是（在这个世界上）对彼此都负有责任"。

这样，译文中对比的两个动词"并非独自生活"和"对彼此负有责任"就紧靠在一起，强调意味凸显出来，不会发生歧义。如果时间状语"在这个世界上"如原文一般放在动词后面，译文就会变成"我们并非独自生活在这个世界上，而是对彼此都负有责任"。那么，对比的成分就是"独自生活在这个世界上"和"负有责任"，显然把原文的语感、语义统统都破坏掉了。所以，语序很重要。

61 开放式思维

【原文】我们精益求精。

【译文】The more we progress the more we pursue.

【评注】

"精益求精"是中文成语，译成英文时需要依据语境认真推敲，不可以一味照搬词典里的现成译法。本则译例中"精益求精"一词是以整个句子来体现的。在不同的上下文语境会有不同的说法，可以是 refine on、constantly strive for perfection、try for the best、keep improving，等等。如：

我付那么多钱要的就是精益求精。

I pay good money to have perfect details.

他在教学方法上精益求精。

He refined on the teaching methods.

他对技术精益求精。

He constantly improves his skill.

我们精益求精。

We keep improving.

下面的句子分别用 constantly endeavour to do still better 和 have a keen eye for detail 表达"精益求精"，颇有点"条条道路通罗马"的意思：

We do hope that we could be always endeavoring to do still better based on the technique and experience we have and bring the company to be with glorious future.

期望能秉持以往之技术与经验，不断精益求精，为公司之茁壮成长，创造更光明的前景。

Susan has a keen eye for detail, so each dress is beautifully finished off.

苏珊对细节精益求精，所以每件衣裙都做得非常漂亮。

看来，上下文语境很多时候实际上就是词语所在的句子框架或文化习惯。不同的句子要求使用特定的词语才符合语法规定、语义规约、文化规范。翻译也锻造了我们的开放式思维。

62　幽默

【原文】烦死了！每次吵架我都发挥不好。

【译文1】Annoying! I don't play well every time I fight.

【译文2】I'm sick of it! I don't play well every time I fight.

【译文3】Sick of it! I don't play well in any quarrel.

【评注】

　　幽默的原文、恰当的译文，都令人忍俊不禁。三种译文都以口语化的表达再现了原文的幽默风趣的韵味。"发挥"一般用在积极的行为或者建设性的场景中。原文却把"发挥"错置在吵架语境里，因此令人莞尔。

　　这样幽默的语言无处不在，幽默是生活的一大动力，可以用来捍卫或掩饰人的脆弱性，幽默的语言可以化解生活中的尴尬，消除人际交往中的摩擦，让我们的生活充满活力。问题来了：幽默有趣的话怎么翻译？

　　故意在错误语境中使用出乎听话人预料的语言，其所造成的幽默效果只有相近文化背景的交际者才能领会。不同文化对世界看法有所不同，对幽默的理解也各有特点。翻译也只能求效果，而未必求相同幽默，免得弄巧成拙。

　　简·奥斯汀的小说《傲慢与偏见》里，班纳特太太迟钝、势利、自私、嫉妒心强，并且喜怒无常，她绝不会与比自己聪明、漂亮、能干的人交朋友。下面这句话是作者对班纳特太太性格的小小讽刺。

【原文】Lady Lucas was a very good kind of woman, not too clever to be a valuable neighbor to Mrs. Bennet.

【译文1】卢卡斯太太是个很善良的女人，真是班纳特太太的一位可贵的邻居。（王科一译）

【译文2】卢卡斯太太是个好人，并不特别机灵，这倒使得她成了班纳特太太一位难得的好邻居。（张玲、张扬译）

这里，简·奥斯汀小说语言幽默而不失婉转，因此译文2深谙小说原作的口吻，很好地传达出了幽默效果。

63 具象化

【原文】There will always be someone walking to you, through the troubled times and the mountains and seas.

【译文】总会有个人走过兵荒马乱、山河大海来到你身旁。

【评注】

原文妙在through这个介词后面同时接抽象词troubled times（表示时间）和具象词mountains and seas（表示地理空间），属于英语特有的修辞技巧——轭式搭配（zeugma）——的用例。

through引导的短语置于句尾来修饰walking，且用逗号和句子主体隔开，表示凸显，有强调的意味，因为英语句子遵循的是末尾重点原则。the troubled times是纷乱的人世，是喧嚣的时代，the mountains and seas是地理环境和客观阻碍，均喻指不畏艰险的决绝之心。原文描绘出一幅立体生动的场景，给读者以信心和安慰。

译文"山河大海"是原文的忠实再现，"兵荒马乱"是以中文生动形象的成语具象化了原文的troubled times，突出了troubled的"乱世"意涵。译文是典型的汉语圆周句式，读到结尾才表达了完整的意思；同时具备英文原文时空二重性俱佳的特点，画面感强烈，是上乘翻译。原文、译文均意味深长，值得一咏三叹。

64 多样化译文

【原文】不吃学习的苦，就要吃生活的苦。

【译文1】If you don't enjoy studying, life will give you a hard time.

【译文2】If you don't take pains studying, you'll take pains from living.

【译文3】Flip through studying and you'll suffer from blows from life.

【译文4】If you do not work hard at school, you'll live a hard life.

【译文5】Without working hard, there is no pleasant life in future.

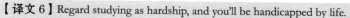

【译文6】Regard studying as hardship, and you'll be handicapped by life.

【译文7】Do not study hard and you'll live a life hard.

【评注】

　　上面的汉语句子,你能给出多少译文? 围绕原文的信息内容,对于原文词语、句式、视角、意象、语气、衔接手段、使用场合、读者对象等不同因素的权衡,译文会产生语义上的细微变化,体现了译文对于不同文化价值的追求,因而译文会呈现不同的样貌,反映了翻译的多元之美。

　　学习翻译、提高翻译能力是很有趣的过程。看到有趣的话语,尽量用另一种语言表达出来,翻译学习就会乐趣横生,令你乐而忘返。翻译是具体而微的实践,不能仅仅停留在大理论、大概念上。每个概念都要落实到对于具体语境中具体的语句、词语的细致理解和恰当表达上。

65　翻译症

【原文】杭州位于浙江省北部,钱塘江北岸,大运河的南端,是中国古老的风景名城。蜿蜒曲折的钱塘江,穿过浙西的崇山峻岭到这里后,江面开阔,景色壮丽。特别是每年中秋节前后有钱塘江潮,怒涛奔腾,激流汹涌,蔚为天下大观。

【译文】Hangzhou, an ancient city renowned for its picturesque scenery, is situated in the northern part of Zhejiang Province, along the northern bank of the Qiantang River and at the southern terminus of the Grand Canal. After winding through the mountain ridges along the west of Zhejiang Province, the Qiantang River becomes wider with majestic scenery. Particularly around the Mid-Autumn Festival every year, one can have the opportunity to watch the raging tide, which is the most spectacular natural phenomenon of the Qiantang River.

【评注】

　　既然翻译是跨文化的交际行为,译者需要克服的就不仅仅是语言障碍,更需要带领读者在不同的文化之间翻山越岭。译文需要走出"翻译症"的怪圈,读起来流畅自然。"翻译症"指的是译者过于受原文语言表达形式的影响,导致译文表达不畅、语义不清,影响理解和读者阅读兴趣。以此为衡量尺度,本则译例可谓美好达意的翻译。

　　1)首句"杭州位于浙江省北部,钱塘江北岸,大运河的南端,是中国古老的风景名城",英译以Hangzhou... is situated in..., along the northern bank of the Qiantang River and at ... ("杭州位于……，钱塘江北岸，大运河的南端")构成句子主干，突出杭州，带出本段话的描述重点——大运河。

2）第二句，"蜿蜒曲折的"转化成动词wind，"穿过"翻译成介词through，以英语思维改造原文的形式，目的是顺应英语文化思维模式，使译文呈现英语的特点。"开阔"语义重点在"宽"、在"阔"，英译不是open，而是wide，凸显语义焦点。但本句译文的不足是漏掉了"到这里后"，导致译文语义连贯走弱。可以把After winding through the mountain ridges along the west of Zhejiang Province做一小小改动（After winding through the mountain of western Zhejiang to Hangzhou），通过重复Hangzhou一词，可以强化译文前后语义连贯特征。

译文最后一句的主语one如果换成you或者we，就像面对面说话，语气对读者而言会更加亲切，更利于实现旅游宣传材料的呼唤功能，传播效果会更佳。瑕不掩瑜，译文读来仍然流畅达意。

66 拆分译法

【原文】从白衣天使到人民子弟兵，从科研人员到社区工作者，从志愿者到工程建设者，从古稀老人到"90后""00后"青年一代，无数人以生命赴使命、用挚爱护苍生，将涓滴之力汇聚成磅礴伟力，构筑起守护生命的铜墙铁壁。[1]

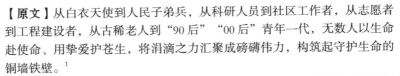

【译文】From medical workers to the people's army, from scientific researchers to community workers, from volunteers to those who built the projects, from seniors to youths born after the 1990s and 2000s, numerous people fulfilled their missions at the cost of their lives and protected humanity with sincere love. They pooled their drops of strength into tremendous power and built an iron wall to safeguard lives.[2]

【评注】

原文出自国家主席习近平2020年12月31日发表的2021年新年贺词。原文只有一句话，"从……到……"一语出现四次，凸显对于中国人民不

---

1 "每日一词 | 每个人都了不起 Every person is remarkable"，2021-01-01, https://language.chinadaily.com.cn/a/202101/01/WS5ff26868a31024ad0baa02bc.html, 2021-01-12.

2 "每日一词 | 每个人都了不起 Every person is remarkable"，2021-01-01, https://language.chinadaily.com.cn/a/202101/01/WS5ff26868a31024ad0baa02bc.html, 2021-01-12.

同职业、不论老幼都积极、普遍、团结一心参与抗击新冠疫情的褒奖。文中"使命""苍生""磅礴伟力""铜墙铁壁"等一系列充满崇敬情感的词语也一并构成了褒奖的丰富语义语境。

译文以两句话构成，长短句结合，语气贯通。前一句长句构成的语势绵延不绝，体现了全民总动员的宏大力量；后一句短句坚定有力，表明前一句描述的一致行动所产生的令人振奋结果。翻译时能考虑到译文形式与内容的呼应，也是译者追求的一个目标。

译文采用拆分译法。第二句话和第一句话的主语相同，因此第二句话的主语用代词they，符合英语代词的用法，也让译文的句子之间衔接明确，语义连贯。拆分译法是中英翻译中频繁采用的技巧，因为中文句子往往包含多个动词，如果不采用拆分句子的办法，译文就会产生语法、语义和语用等各个层面上的问题。

拆分译法，让思想跨越语言障碍在中英文化之间流动。翻译不就是为了实现这个终极目标吗？

67 介词有介词的用处

【原文】It is not uncommon for a family to have no time when they can all sit down to a meal together.

【译文】一家人没有时间一起坐下来吃饭，这并不少见。

【评注】

本例中给人印象深刻的语言点颇多。其一，句型"It is...for somebody to do something."结构非常清晰，很好用。例如："It was interesting to be in a different environment."（换一换环境很有趣。）其二，原文句子not uncommon就是common的意思，而作者没有直接说common，却用双重否定的形式，强调的语气不言自明；作者也没有说not to have time，而是说to have no time，用法古朴，语气庄重。可见原文作者是在郑重其事地发表看法，对此译者需明察。

这里要说的另一个语言点是（to）sit down to a meal。英文善用介词表达各类意义。以介词表达动词意义就是英文的一大特色。这里，sit down to a meal中的介词to就是此类用法。（to）sit down to a meal相当于（to）sit down to have a meal。您说哪一个说法更加简洁，是（to）sit down to a meal，还是（to）sit down to have a meal？再如：

She was greatly surprised at the bad news.（听到这个坏消息，她大为吃惊。）

Prof. Smith has gone to a meeting.（史密斯教授去开会了。）

What did he come for? He came for his wallet.（他来干什么？来取钱包。）

They start for Shanghai at five early tomorrow morning.（他们明天一大早五点钟动身去上海。）

What is he at?（他在干什么？）

It's time for breakfast.（该吃早饭了。）

He often writes with my pen.（他写字常用我的钢笔。）

Are you going to travel by plane or by train?（你们旅行乘飞机还是坐火车？）

英国诗人和外交家托马斯·怀特（Thomas Wyatt）爵士就有诗句"And in foul weather at my books to sit."（"天气恶劣我就坐下来看书。"），此处 at 虽然语法化之后以介词身份使用在英语里，但是它的动作意义仍然保留，在 to sit at my books 一语中，at 无疑是"读书"的意思。

麦克阿瑟奖得主、哈佛大学教授霍华德·加德纳（Howard Gardner）是世界上最有影响力的教育心理学家。他著有一本 *Five Minds for the Future*，中文译名《决胜未来的五种思维》，其中介词 for 译成动词"决胜"，非常简练有力。试想，该书名如果翻译成《关于未来的五种思维》，与既有的译名《决胜未来的五种思维》比较，孰高孰低，高下立见。

但是要记住，不能说这些介词就等于这些动词，更不能用介词充当谓语动词。

68　甩锅

【原文】"对于美方各种花式'甩锅'，对不起，我们不想接，也不能接。"[1]

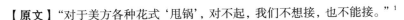

【译文】"The US wants to make China a scapegoat. But so sorry, we don't want to be one. And don't even think of making us one."[2]

【译者注】

1　"华姐"呵呵"的英文标准翻译来了"，2019-08-01, https://language.chinadaily.com.cn/a/201908/01/WS5d42858ea310cf3e355635a0.html，2020-01-12.

2　"华姐"呵呵"的英文标准翻译来了"，2019-08-01, https://language.chinadaily.com.cn/a/201908/01/WS5d42858ea310cf3e355635a0.html，2020-01-12.

外交场合，翻译准确达意胜过对维持原文美学意象的考量。

原文是 2018 年 8 月中国外交部发言人华春莹在记者会上对记者提问的回答。译文是官方翻译。举行记者会目的是准确客观介绍中国外交的理念、方针和政策，本例的原文和译文就是要精准表达中国官方对于美方不负责任地肆意抹黑中国的行为所持鲜明立场和态度。所以，传播效果是这里译文好坏的重要考量尺度。自然，中国文化意象"甩锅"在英语译文中为英语读者熟悉的意象 scapegoat 所取代。译文要简明有力，一语中的，体现出外交部发言人鲜明的立场和客观、坚定、不容置疑的语气。

汉语"甩锅"出自俗语"背黑锅"，英文译作"make somebody a scapegoat"（让别人当替罪羊；让别人代为受过），同样的意思，不同的意象，和各自所在的文化息息相关。scapegoat 是英文固有词，语出《圣经·利未记》第 16 章，意思是 a goat sent into the wilderness after the Jewish chief priest had symbolically laid the sins of the people upon it（被犹太祭司长象征性地将人们的罪加在羊身上后送进旷野的），即"替罪山羊"。在现代英语中该词喻指 a person who is blamed for something bad that somebody else has done or for some failure，即"替罪羊；代人受过者"。比如：

She felt she had been made a scapegoat for her boss's incompetence.

她觉得，本是老板无能，但她却成了替罪羊。

在记者会这样的场合，准确无误地传达政治信息是首要目的，必须竭力避免文化折扣造成的传播失灵。因此，译文使用英文读者所熟悉的文化意象 scapegoat 来清楚表达中方的态度立场。与此相应，"不想接（锅）""不能接（锅）"也在译文中依据 scapegoat 做了调整，译文的前后逻辑就合理了。这是从整体视角做出的翻译策略。

另外，原文一句话，表明中方对于美方不负责任行为的态度和立场。译文用两句话翻译：第一句陈述美方的行为，第二句阐明中方对美方行为的反应态度和立场。摆事实，讲道理，有理有据，不卑不亢。

"甩锅"英文中还有"shift the blame"。美国英语中还有"pass the buck"的说法，原指打扑克牌时为确保公平轮流坐庄，将作为记号的猎刀（buckhorn knife）传给下一个庄家，后引申为推卸责任之意。

69 学术英语

【原文】It is now widely argued that our life styles have become increasingly mobile in the sense that the speed of transportation and hence geographical reach within a given time span is dramatically augmented by modern technological developments and sophistication such as train and airplane systems.

【译文】普遍认为，我们的生活方式变得越来越具有移动性，因为现代技术的发展和精密化，如铁路和航空系统，极大地提高了交通速度，从而扩大了在一定时间内可到达的地理范围。

【评注】

学术英语在内容上多与科学、工程、技术方面相关，与某些理论相关，形式上就是中规中矩，语法严谨，句式框架鲜明，易于读者提纲挈领。

该例原文主句句式"It is now widely argued that..."是常见的正式文体，用被动语态。主语从句里仍然用被动语态"the speed ...is dramatically augmented by..."，句中的"in the sense that..."意思是"因为"，常用在正式文体里。

英文中the speed of transportation and hence geographical reach within a given time span is dramatically augmented是两个名词speed和geographical reach共同与动词augment搭配，作augment的宾语，译成中文时必须斟酌，看需不需要用不同的动词翻译augment。译文把augment分别处理成"提高（交通速度）"和"扩大（地理范围）"，通过加词法来补足语义，清楚表达原文的意思。这是中英文的一个不同之处，值得翻译学习者琢磨。

某个常用在线翻译软件给出的译文恰恰无法体现语法的规约和中英文差异，因而译文的语义逻辑谬误，佶屈聱牙："现在人们普遍认为，我们的生活方式变得越来越具有移动性，因为现代技术的发展和复杂性，如火车和飞机系统，极大地提高了交通的速度，从而在一定时间内达到地理范围。"

70 语境

【原文】A fair amount of self-examination is good. Self-knowledge is a preface to self-control.

【译文】适度的自我检讨很不错。若有自知之明，方能自制。

【评注】

这个译例与多义词fair的意义选择有关。

英语中fair是多义词，可以是名词、形容词、副词。即使仅仅作为形容词，fair也有十多个义项，如"公平的"（Something or someone that is fair is reasonable, right, and just.）、"相当大的；相当远的"（A fair amount, degree, size, or distance is quite a large amount, degree, size, or distance.）、"合理的"（A fair guess or idea about something is one that is likely to be correct.）、"一般的"（If you describe someone or something as fair, you mean that they are average in standard or quality, neither very good nor very bad.）、"白皙的"（Fair skin is very pale and usually burns easily.）等等。

语境与语义密切相关。上下文才决定词语的具体意义。比如：

He threatens to resign. 他扬言要辞职。

It threatens to rain. 好像要下雨。

上面两句话，动词搭配形式都是(to)threaten to do something，形式完全相同，可是语义却截然不同。threaten在前一句中的意思是"威胁，恫吓，恐吓"，是人的主观行为；在后一句里为"预示……的凶兆，有……的危险"，是客观上存在的威胁。两句话中的动词都和各自的主语呼应，即各有各的使用语境。语言形式也是一类语境，会影响到信息的传达。

不同的语言形式在具体语境中也可以指称同一个事物。《史记·郦生陆贾列传》称："王者以民人为天，而民人以食为天。"继而"民以食为天"经世流传，成为汉语里的成语。

"民以食为天。"这句话如何用英文表达呢？常见译文是People depend on food for their livelihood. 那么，翻译成"Food means the world to people."可以吗？粮食非常重要，在"民以食为天"这句话的具体语境里以the world喻指极其重要，"天大的事儿"就是粮食，何其生动。

71 轭式搭配

【原文】In 1968, The North Face moved to the other side of San Francisco Bay, to the unbridled possibilities of the Berkeley area, and began designing and manufacturing its own brand of technical mountaineering apparel and equipment.

【译文】1968 年，乐斯菲斯公司搬到了旧金山湾的另一边，蕴藏无限可能性的伯克利地区，开始设计制造专业的自有品牌登山服装和装备。

【评注】

本句话的翻译鉴赏要从句中所蕴含的修辞手法说起。原文的语言锋芒和幽默离不开修辞技巧——轭式搭配给读者造成的认知挑战。

原文只有两个谓语动词，move 和 begin。其中 move 一词的语用形式是"move to a place"，在文中和 the other side of San Francisco Bay、the unbridled possibilities of the Berkeley area 这两个名词短语搭配，形成 move to the other side 和 move to the unbridled possibilities 两个短语结构。The Berkeley area 是旧金山市的一个区，位于 San Francisco Bay（旧金山海湾）边上。

显然，move to the other side（of San Francisco Bay）符合"move to a place"这一语用搭配形式，语义符合逻辑，是正常的语言使用情况；而 move to the unbridled possibilities（of the Berkeley area）违反了"move to a place"这一语用规律，属于不当搭配。但是，当此二短语组合而构成轭式搭配之后，地方为实，可能性为虚，虚实对照给人印象深刻。

词语之间的搭配要受语法规则和词语的语义特征两方面的限制。词的搭配范围受多种因素影响，并要考虑是否符合逻辑，是否符合社会习俗、思维习惯，等等。不遵守语法规则的搭配都是不被允许的；合乎语法的词语搭配并非一定有意义，有可能语义荒谬可笑甚至毫无意义。

轭式搭配句式中关键词（动词或者形容词居多）只能与其中的一个名词构成正常搭配；它与另一个名词在逻辑上本来是不能搭配的，只是由于前面的正常搭配的影响才能与另一个名词形成巧妙的结合。这样的搭配不但不显得牵强，反而能通过两种事物的对比而具有很强的表现力，引发丰富的联想，新颖、幽默，含义深刻而发人深思。

轭式搭配的运作机制就在于：异常搭配通过对比而在读者头脑中产生联想，令人恍然大悟。

请您试着翻译下面包含轭式搭配的句子：

As I left home after breakfast, I shivered inwardly as well as outwardly.

Lawsuit consumes time, and money and rest, and friends.

They have gone with weeping eyes and hearts.

She was dressed in a maid's cap, a pinafore, and a bright smile.

He lost his coat and his temper.

72 对华战略

【原文】People keep saying that America needs a new China strategy.

【译文】人们一直在说，美国需要制定一个新的对华战略。

【评注】

英文中有许多陷阱，译者可能无意间落入其中，所犯的错误却会影响到译文读者，贻害无穷。名词作定语就是一例。

原文 China strategy 是"名词＋名词"构成的名词短语，China 表示 Strategy 所针对的对象，是 strategy 所涉及的内容。译文准确，反映出译者对于原文的确切理解，对于现实世界多样性的把握。

相反，下面两条来自媒体的译文却有可能误导读者。

A. You can almost feel Tim Cook's China strategy falling into place.

*你几乎可以察觉到，蒂姆·库克的中国战略正渐入佳境。

（"Tim Cook's China strategy"的准确含义是"蒂姆·库克的对华（营销）战略"。）

B. In the longer term, the increasing pressure on labor costs could cause Honda to re-examine its China export strategy.

*长期而言，劳工成本不断增加的压力可能导致本田公司重新审视其中国出口策略。

（"其中国出口策略"对应的是原文 2 中"its China export strategy"，需要改为"其对华出口策略"才符合句意。）

公交车、地铁车厢里的"爱心座位"，对应的英文是 courtesy seat 或者 priority seat，也是"名词＋名词"短语结构。courtesy 有"优待"的意思，priority 表示"优先权"，那些比别人更需要坐下的孕妇、老年人或残疾人等弱势群体乘客有优先乘坐优先座位和礼貌座位（即爱心座位）的权利。

英文有 a success story（获得巨大成功的人或事物）和 a successful story（一个成功的故事）两种不同表达法，不能混淆。

It is an astonishing success story.

这是一个令人称奇的成功史。

Share your own weight loss success story.

请讲讲你的成功减肥经历。

作为语言手段，名词用作定语，甚至能产生巨大的政治意义。Viet Nam War 实质上是美国入侵越南的非正义战争，但是以 Viet Nam War 来称呼这场战争掩盖了战争的性质。"Korean War"（朝鲜战争）这个说法同样掩盖住了战争的正义与非正义的实质。

语言修辞意味深长。对于待译的原文，译者必须明察秋毫，审思慎译，方可能为读者捧出接近原文本真含义的译文。

73 隐喻的翻译

【原文】The high-minded man does not bear grudges, for it is not the mark of a great soul to remember injures, but to forget them.

【译文】品格高尚的人不记仇，因为一个伟大的人的标志不是牢记自己受到的伤害，而是忘记伤害。

【评注】

　　隐喻是一种比喻，用一种事物暗喻另一种事物，通过彼类事物的暗示，人可以感知、体验、想象、理解、谈论此类事物的心理行为、语言行为和文化行为。隐喻也是人类认知世界的基本方式，让人类可以轻易、便捷地表达较为抽象的事物。

　　用日常生活里常见的事物来说明较为抽象的观念是语言的一大特点。换个角度看就是语言本质上具有隐喻性，人的认知本质上具有隐喻性。比如，butter on bacon是一句老式英国成语，源于维多利亚时期，直译是火腿肉上加黄油，引申含义则是"太过奢侈、繁复、多余的操作"（to describe something that is excessive or extravagant），有"画蛇添足"之嫌。这句话作为"脱裤子放屁"的优雅版解释，你觉得怎样？英文还有另一个成语carry coals to Newcastle表示"多此一举"，因为位于英格兰北部泰恩河畔的纽卡斯尔（Newcastle）曾是重要的煤矿开采中心。

　　回到本译例，high-minded（品德高尚的）是以空间位置"高"比喻"好、优秀、重要的、值得嘉许"等积极意义。相反，空间位置低的隐喻含义就是不好的、坏的、恶劣的、下等的等消极意义，如：

The party has not made the issue a high priority.

该党还没有把这个问题列为首要考虑的事项。

Don't look down on the role women can play.

不要瞧不起妇女的作用。

A school would not accept low-quality work from any student.

学校不会接受任何学生的低水平作品。

We are all very tired and morale is low.

我们都疲惫不堪，士气低落。

　　译例中另一个词a great soul（伟大的灵魂）也属于隐喻表达。这种表达符合认知隐喻理论中"抽象概念具体化"的映射机制：soul作为抽象概念，本义是"（人的）灵魂"，用great（物理尺寸）来形容，用物理容器特性映射心理或道德状态，属于用具体概念描述抽象属性，符合概念隐喻的特征。soul通过隐喻而引申为"人"这个意思时，往往用在否定句中，比如：

There wasn't a soul in sight (= nobody was in sight) .

连个人影都不见。

翻译中如能够恰当地处理隐喻，就能够显著提升译文质量并有助于更好地实现多维度的跨文化交流效果。

74　正说反译

【原文】I am a terrible liar. I start sweating, my vision blurs, my brain stops working.

【译文】我撒不了谎，所以这会儿我心虚出汗，眼冒金星，脑袋停转。

【评注】

1）原文是两句话组成的句群。前后两句是因果关系，原因在前，结果在后；第二句既是结果，也是细节描写，与前一句构成总—分关系。

2）译文值得咀嚼。a）首句原文为静态句，译文用动态句译出，把liar译成动词"撒谎"，符合英文多静态、中文多动态的特点。首句是肯定句，terrible一词在译文中处理为否定表达"撒不了"，可谓正反译法的佳例。b）第二句是由三个简单句构成，不用关联词，表达出窘迫无比的语气；译文也同样不用关联词，译出了原文的尴尬语气。第二句译文增加了词语"心虚"，明确了"出汗"的原因，不但形成四音节短语"心虚出汗"与后文"眼冒金星""脑袋停转"呼应，读起来朗朗上口，而且在语义上和前面的"我撒不了谎"更加连贯、紧密，言之成理。好译文创造而不臆造。

75　读者接受心理

【原文】在气候变化挑战面前，人类命运与共，单边主义没有出路。我们只有坚持多边主义，讲团结、促合作，才能互利共赢，福泽各国人民。[1]

【译文】In meeting the climate challenge, no one can be aloof and unilateralism

---

1　习近平：《继往开来，开启全球应对气候变化新征程——在气候雄心峰会上的讲话》，《人民日报》2020年12月13日02版．

will get us nowhere. Only by upholding multilateralism, unity and cooperation can we deliver shared benefits and win-win for all nations. [1]

【评注】

1）第一句话，"人类命运与共，单边主义没有出路"两个分句前一个肯定，后一个否定，正反对比中表达中国的合作思维、全局思维。译文用 no one 和 nowhere 两个词语把动词否定转移到主语和状语上，句式古雅庄重，表达原文鲜明立场和郑重其事的意涵。

第一句话否定单边主义的做法，第二句话提出坚持多边主义的具体观点，先破后立的话语方式是原文主要特点。首句译文把否定语气置于句子主语上（no one），第二句译文以 only 开头的强调句，均体现了英文句子重心在前的特点，符合英文读者的接受心理和思维方式。

2）中译英过程中的动词翻译策略独具特点，值得咀嚼。原文三个动词"坚持""讲""促"，在译文中统合成一个英文动词"uphold"，带了三个宾语，"multilateralism""unity""cooperation"。"互利共赢"与"福泽"合并，共用一个动词"deliver"，统辖 shared benefits、win-win 两个名词宾语。中译英可以把多个动词简化成一个动词，化繁为简，简洁、流畅，译文既忠于原文，对于读者来说又易于理解，读来很有力量。

76 白酒

【原文】Baijiu is the most consumed liquor in the world. Baijiu, produced from sorghum—a type of grain—has a long history and a unique distilling technique which has been passed down through generations for about 800 years. It is taken as a shot along with food, but using a smaller amount due to the high alcohol content. It has 50-65% alcohol by volume (ABV). In comparison, the ABV in vodka is about 40%.

【译文】白酒是全世界消费量最大的酒类。它以高粱为原料，历史悠久，独特的蒸馏技术已经传承了 800 多年。它用于佐餐，但由于酒精含量较高，因此饮用量不宜大。其酒精含量（ABV）可达 50%—65%。相比之下，伏特加酒的 ABV 约为 40%。

---

1   Xi Jinping: 2020-12-13, "Remarks by Chinese President Xi Jinping at Climate Ambition Summit", *People's Daily* Online, http://en.people.cn/n3/2020/1213/c90000-9798606.html, 2021-05-05.

【评注】

　　原文摘自《印度时报》。中国白酒是中国的国粹，有着两千多年的生产历史。据《每日经济新闻》、新加坡《联合早报》等媒体报道，海关总署在充分听取中国就业协会意见后，已经同意在 2021 年的《中华人民共和国进出口税则》中修改，将"白酒"对应的列目名称定为 Chinese Baijiu, 新的税则从 2021 年 1 月 1 日起正式执行。

　　也就是说，白酒的英译从此进入了法律条文，多年来中国白酒一直缺乏一个官方的、准确的英文名称，困扰翻译界和海外消费者的尴尬局面就此结束。

　　英国的《柯林斯英语词典》（Collins English Dictionary）闻风而动，其在线词典官网已经收录了"baijiu"（白酒）。

《柯林斯英语词典》官网 baijiu 的定义和意义

（图片来源：collinsdictionary.com，2021-10-11）

《柯林斯英语词典》官网中的"白酒"例句

There, you'll *find* the drinks set *ordering* a *heady* baijiu *punch*, featuring yuzu (a recherché *citrus* fruit) *soda*.

Times, Sunday Times (2017)

在那里，你会发现饮料组点了一种令人兴奋的白酒潘趣酒，其中有柚子(一种珍贵的柑橘类水果)苏打水。

——《泰晤士报》《星期日泰晤士报》(2017)

我国台湾地区学者曾泰元也在《英语世界》杂志上撰文，大赞"白酒"新的译文使用汉语拼音 baijiu，认为汉语拼音 baijiu 进入了传统意义的英文词典，"有国内和国际双重认证，真可谓双喜临门，值得广而告之"[1]。

中文的概念登上外国媒体、进入英语词典，值得中国人骄傲，也提醒我们要有文化自信。全球化的进程让中国文化有更多机会和外国文化互动交流，翻译亦获得了发挥文化交流作用的更多舞台。

77 思维方式

【原文】There's no time limit. Start whenever you want.

【译文】没有时间限制，只要愿意，什么时候都可以开始。

【评注】

英语民族习惯以主客分离的方式看待事物，体现在语言上就是主客观表述非常清楚。体现在"There's no time limit."这句话，就是主语、谓语样样俱全，主语和谓语要在人称和数上要保持一致，前后呼应，否则无法表达意思；译成中文，就是无主句，中文里稀松平常的现象。

第二句"Start whenever you want."是祈使句，劝勉听话人要振作起来、行动起来，而且充满希望——任何时候都可以。whenever 引导的时间状语从句中主语、谓语哪一样都少不得。you（你）在译文中可有可无，却不影响中文清楚表达的效果。

和英文句子不同，中文语句反映的是中国人的天人合一思维方式、主客体同构的观念。这种观念体现在句子上，就是句子未必需要一个形式上的主语。作为动作发出者的主语往往会潜藏在说话人的心里，听话人心领神会就可以弄明白说话人的想法。

1　曾泰元：《中国白酒，英文就叫 Chinese Baijiu!》，《英语世界》2020 年第 12 期。

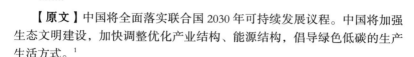

78 受众意识

【原文】中国将全面落实联合国 2021 年 1 月可持续发展议程。中国将加强生态文明建设，加快调整优化产业结构、能源结构，倡导绿色低碳的生产生活方式。[1]

【译文】China will implement, in full, the 2030 Agenda for Sustainable Development. We will do more on the eco-environmental front by transforming and improving our industrial structure and energy mix at a faster pace and promoting green, low-carbon ways of life and work.[2]

【评注】

原文出自 2021 年 1 月 25 日习近平在世界经济论坛"达沃斯议程"对话会上的特别致辞。

无论学习英语，还是从事翻译工作，其实质就是跨文化交流。跨文化交流目的在于消除因文化差异导致的误会、误解，形成共识、共情。本例有两点值得学习。

1）受众意识强，通俗易懂。"中国"在原文出现两次，第二句改为代词 it；否则，两句话主语都用 China，译文会形成排比句式，语气就会咄咄逼人，违背了习近平主席演讲向世界客观介绍中国支持联合国的具体行动的原意。

"加强"用 do more on 译出，后面用 transforming and improving、promoting 具体点明 do more on 的含义，从语篇的层次看，do more on 和后面 by 引导的三个动名词短语形成总—分关系，思想线索清晰，有迹可循，易于读者理解，有利于译文信息传播。"优化"实为"改进、提高"之意，用平实的词语 improve 译出，胜过 optimize（充分利用，优化），更准确。

2）中国特色词汇的处理。翻译既要语法正确，也要为听众着想，把中国特有的概念用听众/读者可接受的思维方式表达出来，在翻译供给侧做好工作，以便于达到讲好中国故事、构建人类命运共同体的目的。

"生态文明建设"是个中国特色的词语，英文中没有完全对应的说法可用；现在以 eco-environmental front（保护环境生态方面）解释、翻译，语言地道，易于听众理解。"能源结构"的译文是 energy mix，符合中国能源

---

[1] 习近平：《习近平谈治国理政》（第四卷），外文出版社，2022，第 465 页。

[2] 习近平：《习近平谈治国理政》（第四卷：英文），英文翻译组译，外文出版社，2022，第 541 页。

供给中石油、天然气、煤炭等多种方式同时并存、互补的现状；况且，如果把"能源结构"译成energy structure，则又要和industrial structure进行合并，语句就需要大幅改动，远不如现在的翻译简洁省力。

79 广告功能

【原文】节约用水（节水海报用语）

【原译】*Saving Water

【改译】Let's save water.

Please save water.

Thank you for saving water!

【评注】

享誉世界的著名语言学学者、思想家诺姆·乔姆斯基有一个经典的语言学例句：

Colorless green ideas sleep furiously.

乔姆斯基想通过这个例子来说明，语法正确、形式完美的句子未必在社会现实中会有意义。的确，仅仅语法形式正确的语句、语篇不一定能够保证语言实现特定的社会功能。

翻译是原文引导下的写作，同样也是构建社会现实的行为。Saving water起不到动员全社会都来节约用水的功效，因为仅从这个英文动名词短语，英文读者并不能知晓这张图片是一则公益广告。语言使用的场合、场景决定了语言发挥的功能。

节约用水公益海报

（图片来源：甬派客户端）

"节约用水"这则公益海报的英文翻译主要需体现其广告的呼吁功能，饱含祈使语气，旨在促人行动。把Saving Water略作改动，译文读者就会明白这张图片的主要意图了。"Let's save water."或者"Please save water."不就把呼吁人们节约用水的社会动员功能体现得清清楚楚了吗？

其实，公益广告语"节约用水"如果翻译成"Thank you for saving water!"则可能呼吁效果更好，因为致谢会激发听话人的积极情感和合作意愿，有利于把促人节水的意图转化成听话人的切实行动。

深入理解原文，是着手翻译的第一步。从翻译供给侧做好工作，为译文读者着想，是合格译者的首要职业素养。

80 译文的逻辑

【原文】要围绕建设高质量教育体系，以教育评价改革为牵引，统筹推进育人方式、办学模式、管理体制、保障机制改革。[1]

【译文】To build a high-quality education system, the reform of the evaluation system should be in the lead, so as to push forward reforms in other aspects of education including educational modes, the running of schools, management systems and safeguard mechanisms.[2]

【评注】

原文出自2021年3月6日习近平在全国政协医药卫生界教育界联组会上的重要讲话。

关于中英文语言特点对比，有一个普遍接受的观点，一般来说，"英语形合句多，汉语义合句多"[3]。英文重形式关联和衔接，中文善意合，逻辑关系蕴含在语义中，使用关联词的场合远远不如英文多。

中文秉承含蓄之风，而英文清晰直白。形式上，中文关联词使用的频率不如英文高，更加注重言语者心领意会和语言的内在逻辑；英文却以形式标记明确著称。

"换工作是唯一的出路。"的英译文就是"Changing jobs is the only way out."动词"换工作"英文中必须加上后缀 -ing，changing是动名词，才可

---

1 习近平：《习近平谈治国理政》（第二卷），外文出版社，2017，第393页。
2 习近平：《习近平谈治国理政》（第二卷：英文），英文翻译组译，外文出版社，2017，第426页。
3 连淑能：《英汉对比研究》（增订本），高等教育出版社，2012，第85页。

以处在名词（主语）的位置上。

从内容上看，中文婉转内敛，不像英语那样直接。如：

Give your hopes everything you've got and you will catch the star that holds your destiny.

满怀希望并全力以赴，你就能摘下改变命运的那颗星。

此译例给人深刻印象。原文是省略了连词if的复合句"If you do something, you will...", 不光省略了if，还省略了if从句的主语，if从句呈现祈使句形式，此时在从句和主句之间又加上了and，所以包含假设关系的条件复合句就变形为"Do something and you will..."的句式，唯有如此，才让读者明白"Do something and you will..."句式是"If you do something, you will ..."句式的变体。因为中文是意合型语言，此处不用关联词"如果"，但是句子所包含的逻辑关系中国人都心知肚明。

除了整体句式结构，更考验译者的是把英文名词转化为中文动词，把your hopes译成"满怀希望"，因为give your hopes everything you've got这一结构（give somebody something）本身预设了"满怀希望"的前提。这一译法译者非透彻领悟原文难以驾轻就熟。

81 跨文化沟通

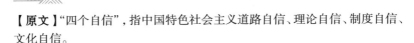

【原文】"四个自信"，指中国特色社会主义道路自信、理论自信、制度自信、文化自信。

【译文】The Four-sphere Confidence refers to confidence in the path, theory, system and culture of socialism with Chinese characteristics.

【评注】

中国文化特色词语"四个自信""道路自信""理论自信""制度自信""文化自信"有其特定含义，对应的英文翻译必须准确，才能传达正确信息。这五个词语的英译出自下面两个例句。

例句1：

当前和今后一个时期，深入推进全面从严治党，要全面贯彻党的十九大精神，以新时代中国特色社会主义思想为指导，增强"四个意识"，坚定"四个自信"，紧紧围绕坚持和加强党的全面领导，紧紧围绕维护党中央权威和集中统一领导，全面推进党的政治建设、思想建设、组织建设、作风建设、纪律建设，把制度建设贯穿其中，深入推进反腐败斗争，在坚持中深化、在深化中发展，实现党内政治生态根本好转，不断增强党的创造力、凝聚力、战斗力，为决胜全面建成小康社会、全面建设社会主义现代化国家提供坚强保证。

（摘自习近平在中共十九届中央纪委二次全会上的讲话，2018 年 1 月 11 日）[1]

译文 1：To further strengthen Party self-governance now and in the future, we must implement the guiding principles of the 19th CPC National Congress held in 2017, and follow the guidance of the Thought on Socialism with Chinese Characteristics for a New Era. While enhancing our Four Consciousnesses and bolstering our Four-sphere Confidence, we must uphold and strengthen overall Party leadership, uphold the authority of the Central Committee and its centralized, unified leadership, and see the Party's political foundations reinforced, its ideological commitment buttressed, its organizations consolidated, its conduct improved, and its discipline enforced, with institutional improvements incorporated into every aspect of strengthening the Party. We must step up our efforts to combat corruption, carry on with our work to improve the Party's political environment, and strengthen its ability to innovate, its power to unite, and its capacity to deliver. These are firm guarantees for a decisive victory in building a moderately prosperous society in all respects, and for building a modern socialist China.

(from the speech at the Second Plenary Session of the 19th CPC Central Commission for Discipline Inspection, January 11, 2018)[2]

例句 2：

全党同志特别是各级领导干部做政治上的明白人，很重要的一条就是任何时候任何情况下都要坚定中国特色社会主义道路自信、理论自信、制度自信、文化自信，真正做到"千磨万击还坚劲，任尔东西南北风"。

（摘自习近平在中共十九届四中全会第二次全体会议上的讲话，2019 年 10 月 31 日）[3]

译文 2：All Party members, especially leading officials, must take a clear political stance on this issue, and maintain confidence in the Chinese socialist path, theory, system and culture at all times and in all circumstances. We must be as tenacious as

1 习近平：《习近平谈治国理政》（第三卷），外文出版社，2020，第 504 页。
2 习近平：《习近平谈治国理政》（第三卷：英文），英文翻译组译，外文出版社，2020，第 584 页。
3 习近平：《习近平谈治国理政》（第三卷），外文出版社，2020，第 125 页。

bamboo, as described by Zheng Xie: "In the face of all blows, not bending low, it still stands fast. Whether from east, west, south or north the wind doth blast."
(from the speech at the second full assembly of the Fourth Plenary Session of the 19th CPC Central Committee, October 31, 2019)[1]

文化特色词汇的翻译是翻译中难度最大的内容。涉及文化内容的一些译文表面上似乎很"忠实"于原文，可实际上却貌合神离，需要细心修改。例如：

原文：One's courtesy is a mirror to see his image.

原译：一个人的礼貌是一面照出他形象的镜子。

改译：礼貌是一面镜子，照出一个人的本来面目。

此处原译文表面上对原文亦步亦趋，似乎很"忠实"，却不符合中文的审美特点：中文"礼貌"指涉某个个体、具体的人，而非群体，"礼貌"前未必需要定语"一个人的"。现译文把 his image 译成"一个人的本来面目"反而让译文逻辑通顺，美不胜收。

文化作为人类认知世界和自身的符号系统，赋予我们生存、生活的世界以意义。跨文化沟通也是一种发现自我、超越自我的过程，不仅让我们了解异域文化，也能让我们通过异域文化对我们产生的镜像更清晰地认识自己的文化，把我们带回到自己文化的深处，让我们加深文化自信，也更懂得尊重其他文化。

82 具象与抽象

【原文】党政军民学，东西南北中，党是领导一切的。

【译文】The Party exercises overall leadership over all endeavors across the country.

【评注】

译例原文语出习近平主席的治国理政论述。如果把原文的概念全部翻译出来，"党政军民学"至少是 the Party、political area、the army、the people 和 students and pupils 这几个词语，"东西南北中"至少涉及 east、west、south、north 和 middle 五个方向，把这些概念在句子中用关联词连接起来，语法上还得做很大幅度的修改，译文必然啰唆，不符合以最少的文字表达

1　习近平：《习近平谈治国理政》（第三卷：英文），英文翻译组译，外文出版社，2020，第150页。

最丰富语义的语言经济性原理，更不符合政治演讲场合需表达清楚、观点明确、重点突出的基本要求。

所以，翻译就得解决把概念从具体向概括转换，或者从概括向具体转换的问题。译文突出"党是领导一切的"语义要点，把"党政军民学"（泛指各个社会阶层、不同职业人士）和"东西南北中"（概指无论地理分布如何，全国范围）两个音节数量相同、上口对仗、含义丰富的短语加以概括翻译，"over all endeavors""across the country"。

为啥把具体的两组词语概括译出呢？因为中文原文的语义重心"党是领导一切的"位于句子的后部，需要突出；英文译文语义重心在句子的前部，即主语和谓语上，这是符合中英语言各自特点的。语言文字符号在双向流动的过程中传达的信息建立起了我们和世界的联系，也在潜移默化地丰富着我们的思维和情感方式。

83 名词从句

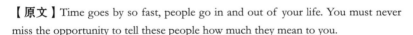

【原文】Time goes by so fast, people go in and out of your life. You must never miss the opportunity to tell these people how much they mean to you.

【译文】时间在流逝，生命中人来人往。不要错失机会，告诉人们他们在你生命中的意义。

【评注】

1）第一句原文重心在前，主谓语"people go"置于状语"in and out of life"的前面；中译文的重心——主谓语"人来人往"——在句子后部，状语"生命中"在前。中文符合中文的语序，英文符合英文的语序，因此中英文表达均通畅舒展。

2）第二句原文以you为主语，中译文是无主句，和原文发挥着同样的命令功能，促人积极行动。

第二句里面these people和第一句话的主语people因代词these而形成呼应，译文译为"他们"，语气自然顺畅，符合中文语言习惯。因为these的使用，原文两句话形成一个语义连贯的完整语篇，指代清楚，意义明确；因为"他们"一词，译文再现了原文的语义，恰当充分，翻译准确通顺。

第二句中的不定式to tell these people how much they mean to you是修饰the opportunity的定语"（一个）告诉人们他们在你生命中是多么重要的（机会）"，中文把该不定式翻译成与"机会"并列的分句（"告诉他们在你生命中的意义"），译文于是呈现为中文常见的流水句样貌，自然、生动。

3）抽象概念与名词性从句之间的相互转换。英文以 how much 开头的从句 how much they mean to you 对应的中文表达是抽象词"意义"。英文有很多场合以 how、what 等疑问词引导的名词性从句表达较为抽象的概念，"见闻"就是"what I saw and heard"，"他的所作所为"可以译成"what he did"，以模糊语义的构式表达同样语义模糊的抽象概念，简洁有力。善于运用 what 一类疑问代词引导的从句来表达较为抽象意义的概念，非常有利于表达自己的思想，非常有利于讲好中国故事。再如：

I know that my university experience shaped who I am.

我知道，大学时期的经历塑造了今天的自己。

At this moment of history, it seems reasonable to take stock of what we have known about human communication.

在这个历史时刻，总结一下我们对人类交流的了解似乎是合理的。

In our small way we join in society's larger program of decision making and then receive, interpret, and react to the signals that tell us what society has decided and expects of us.

我们以一种微小的方式加入社会决策的大程序中，然后接收、解释信息并做出反应。这些信号告诉我们社会的决定和对我们的期望。

He had repeated to himself exactly what he would say to her and how he should say it.

该对她说啥，该怎么说，这些他都不折不扣地自个儿练习过。

Science can teach us more about what is out there.

科学能教我们认识外在世界。

此外，中译英同样可以如此手法达到言简意赅的效果。

实践证明，要彻底战胜疫情，必须把人民生命安全和身体健康放在突出位置。

What has happened proves that to completely defeat the virus, we must put people's lives and health front and center.

上句里，"实践"译成了"What has happened"。

84 共情力

【原文】Love is a state of grace, not the means to anything, but the alpha and omega, an end itself.

【译文】爱情是一种优雅的境界，并非达成任何目的的手段，而是始终如一的存在，自为目的。

【评注】

1）alpha and omega：希腊字母首尾，象征事物的"开端与终结"，表达爱情作为终极存在。

2）an end itself：呼应亚里士多德"自为目的"（τέλος），强调爱情无需外部理由。

共情力指的是个体能够进入他人精神世界并充分理解他人的能力。

在翻译中，共情力可以帮助译者更好地理解原文作者的情感和意图，从而更准确地传达这些情感和意图给目标语言的读者。

再如：

Sometimes I have thought it would be an excellent rule to live each day as if we should die tomorrow.

有时我想，把每天都当作生命的最后一天来度过也不失为很好的生命法则。

中文句式和英文句式重心不同。"it would be an excellent rule to live each day as if we should die tomorrow"重心在前，对应的译文"把每天都当作生命的最后一天来度过也不失为很好的生命法则"则是重心在后。中英文各美其美，美美与共。此外，"it would be an excellent rule"是肯定句句式，其译文用了否定词，属于正说反译的策略。

赫尔德在《论语言的起源》中说，把语声描画下来的"静滞的字母只不过是一具僵尸，必须通过阅读才会获得生命的活力"[1]。学习翻译，就是阅读、研究语言，把自己生活的小世界用另一种语言讲出来，就是研究人在社会中与他人、群体、社会是如何发生关联的，是共情的过程。

85 多元视角

【原文】欲知大道，必先为史。

【译文】He who would know the laws of history must first study history itself.

1　[德]J. G.赫尔德：《论语言的起源》，姚小平译，商务印书馆，1999，第10页。

【评注】

1）从语言史看，原文语出清代龚自珍《定庵续集》："欲知大道，必先为史。灭人之国，必先去其史。"这是文言句式，古朴典雅，增加了语言的文化分量，令读者不由得加以重视所面对的话语。毕竟，文言句式言、语分离，口语和书面语有不小距离。

2）从语义看，原文重心在后，英译文重心在前。"大道"指的是自然、社会的普遍法则以及人对待自然、治理社会的根本原则。

3）从句式看，原文为圆周句，英译文亦为圆周句。最重要的信息放在句尾，修辞上形成欲扬先抑的效果。不读完句子就无法理解语言所蕴含的理性内容和逻辑力量。

4）从语序看，翻译采用顺译的办法，中英文成分线性排列顺序一致。原文和译文表达所体现的时空关系相似，即先发生的先说，后发生的后说。译文是顺势而行。

5）从译文读者和语言媒介的关系看，英译文套用了古雅庄重但耳熟能详、洗练深刻的谚语"He who laughs last laughs longest"（谁笑到最后，谁笑得最好）的句式，文体正式，但呼应了原文的文体特点。跨文化沟通中，采用对方所熟悉的语言进行交流，是译者善意和友好的传播意图，是"以译文读者为中心"的翻译传播理念，有益于增进沟通效果。又如，"He who learns but does not think is lost"（学而不思则罔）。

英国哲学家弗朗西斯·培根也用此英文常用句式畅叙自己的感想：

He conquers twice, who upon victory overcomes himself.

取胜又能自制，是双重胜利。（胜而不骄者，胜上加胜。）

"欲知大道，必先为史。"的英译文 He who would know the laws of history must first study 所采用的句型、表达习惯和英文母语者的思维方式有关，译文读者所熟悉的句型易其读者理解，建立起了交际双方的共同知识背景和信念体系，三观一致，更利于英译文在英语文化中有效地传播。

86 美学信息

【原文】Your attitude, not your aptitude, will determine your altitude.

【译文】是你的态度，而不是天赋，决定你人生的高度。

【评注】

语言的形式也参与信息的表达。翻译时有必要关注、运用语言的形式特点来传达原语文本的信息内容。

三个词attitude、aptitude和altitude均有相同的词头a-与相同的词尾-titude，形似而且同时押头韵、尾韵，给读者造成强烈视觉、听觉冲击，充满智力挑战和思维乐趣，话语力量不可谓不强。这是原文显著的特点。

如能抓住原文押韵上口的美学特点，译文质量和审美效果大抵是不会差的，因为心理学研究表明，从信息特征上看，与不带情绪意义的刺激相比，具有情绪意义的刺激能引起更多的注意倾向。英、中语言反映的英、汉民族美学观念不尽相同，译文中的"态度""天赋""高度"共同押尾韵，以增加译文的节奏感和生动性，可是无法兼顾头韵。

下例中now和never语音上押韵，语义上对比，所表达的信息给人无限鼓舞，就是原文美学信息在读者心里所产生的接受效果。

A lot can happen between now and never.

把握当下，一切皆有可能。/ 从现在到未来，会发生很多事情。

87 微词大义

【原文】His writing was strong on description.

【译文】他的作品以描写见长。

【评注】

翻译离不开小词语，on词语虽小，却蕴含着大意义。介词on表达心理的接触，由物理层面的含义"在……上面"抽象而来。比如，"the dictionary on the table"（桌子上放的词典），on是从物质的层面讲的。在"On their advice I applied for the job."这句话里，on表示的是抽象意义，即心理层面的原因、基础，即"遵照，依从，听取"；而"Drinks are on me."的意思是"饮料钱我付"，on仍然表达的是物质意义的对立面——心理意义。

"The significance of these incidents wasn't lost on us."的中译文是"这些事件得到了我们的重视"，其中的on表达了"在……心里""……的思想上"等意涵。

当on和其他词语搭配，同样可以表达心理的接触。如，grow on意思是"越来越受到……喜欢"（If someone or something grows on you, you start to like them more and more.）许多词语形式短小，表意作用却以少胜多。请看：

原文1：Lu Xun grows on me.

译文1：我越来越喜欢鲁迅了。（即：我越来越喜欢鲁迅的作品了。）

原文2：Slowly and strangely, the place began to grow on me.

译文2：很奇怪，慢慢地，这个地方越来越让我喜欢。

原文1：I hated his music at first, but it grows on you.

译文3：我一开始讨厌他的音乐，可慢慢却越来越喜欢。

原文4：Can you pick out your sister in this crowd?

译文4：你能在这群人中认出你妹妹吗？

原文5：I never did understand what was eating away at her.

译文5：我始终不懂什么事在使她烦心。

原文6：Toiling away at a job you hate may eat away at your happiness over time.

译文6：长期埋头于讨厌的工作，你的幸福可能会被蚕食殆尽。

原文7：The children are always at me to take them to the zoo.

译文7：孩子们总是缠着我要去动物园。

原文8：He ought to be above cheating in the examination.

译文8：他应该不会在考试中作弊。

译者如若善用常见而普通的小词，于平凡中见功夫，翻译理解和表达能力会日渐精进，译文可以收到四两拨千斤的效果。

88 词义的转移

【原文】完善公共文化服务体系，深入实施文化惠民工程，丰富群众性文化活动。

【译文】We will improve the public cultural service system, carry out public-interest cultural programs, and launch more popular cultural activities.

【评注】

1）从整体看，原文是陈述句，表达了行动目标，但是句子主语（即行动者）是隐含的，这在中文里属于常见现象。主语不是中文句子的必要成分。译成英文就得按照英文句法给句子加上主语we，因为英文注重句子的形式，句子成分必须完备，而主语在全句中起主导作用，是句子的灵魂。此外，动词的时态也要表达出来，所以加上了助动词will，行动目标还没有变成现实嘛。

原文：The recipient of a red envelope during/in Chinese New Year or on his or her birthday should not open it in front of the giver.

译文：过春节、过生日，收到了红包，不可当着送礼人的面拆开。

英文以the recipient作句子的主语；中译文则只有谓语"不可……拆开"，而没有主语。翻译时按语义、句法或修辞的需要，增减一些词是常用翻译技法。

2）仅就词语的翻译而言，本译文就很有值得认真体味的种种细节。

"丰富"此处用作动词，意味着"增加"，所以该动词的部分意思转化到宾语"活动"的定语上了。"丰富群众性文化活动"具体意思就是"开展更多的群众文化活动"，所以"丰富"一词的意思由动词launch和形容词more一起承担了。通过信息拆分的办法，"丰富"所蕴含的意义在译文中得以充分表达。"launch cultural activities"就是搞文化活动。如果把"丰富"翻译成动词enrich，译文反而会变得语义含糊，难以理解了。可见，翻译是个传播的过程，以译文读者为中心进行翻译是译者应当遵守的重要职业操守。

下面的译例中，strength分译为"见长"和"取胜"二词，近义词重复使用，但并没有增加额外的意思，此所谓译文"加词不加意"，信息准确，译文顺畅上口。

原文：Asia's strength of economic management, however, has not been its perfection, but its pragmatism and flexibility.

译文：亚洲经济管理向来不以完美见长，而是以务实和弹性取胜。

89 传播效果

【原文】The foundation of knowledge must be laid by reading. General principles must come from books, which, however, must be brought to the test of real life.

【译文】读书是积累知识的基础。知识的基本原理来源于书本，但须经生活实践的检验。

【评注】

本例有两点值得翻译学习者关注。

一是原文首句的被动语态在译文里处理为主动语态了，因为被动句是英文的一大特色，使用非常普遍；相反，中文却以主动句见长。这样，译文就符合中文读者的阅读习惯和语言审美，可以收到较为理想的传播效果。无论采用何种翻译理论、无论采用什么翻译策略，都是奔着良好的传播效果去的。

二是第二句中which引导的定语从句译成并列句的一部分，表示转折语气。这对于初尝翻译甘苦者很有启发意义，就是译文不要受原文句式的束缚，毕竟英文有英文的语法，中文有中文的语法。译文要摆脱原文语法结构的影响，译文有自己的一套语言规则。

再看一个译例，可以进一步理解前面这段话的深意。

原文：There are but two roads that lead to an important goal and to the doing of great things: strength and perseverance.

译文：世间只有两条路能够使人达成重大目标或完成伟业，那就是变得强大和坚持不懈。

这里，原文主句是"there be"开头的存在句，roads后接由that引导的定语从句。整句话的语义重心落在主句上。

而译文处理为符合中文读者语言心理的流水句，原文中的定语从句在译文里转化为"能够使人达成重大目标或完成伟业"，成为主句的一部分，形式依据中文语法有所改变，但充分呈现了原文包含的语义，可以视作忠实的翻译。翻译中句式的变化，体现出对于文字背后特殊文化意蕴的尊重，终究是为了追求语言交际的得体有效。

90 文化因素

【原文】Two weeks past his 32nd birthday, Sampras spoke before a US Open farewell ceremony saying he has no desire to make a comeback.

【原译】*桑普拉斯今年32岁，他的生日刚刚过去两周。桑普拉斯在公开告别仪式上表示，自己没有打算再回来。[1]

【改译】桑普拉斯今年32岁，他的生日刚刚过去两周。在美国网球公开赛为他举办的网坛告别仪式上，桑普拉斯表示自己没有重返赛场的想法。

【评注】

显然，原译文有所扩展，因为译者采用了增益法，值得肯定。但是，原文的US在哪儿呢？为什么原文为Open而不是open呢？译文中"公开告别仪式"是哪方面的告别仪式呢？译文没有交代，读过译文，读者很是困惑，觉得译文没什么大的意义。

1　石定乐、蔡蔚、王纯林：《实用商务英语英汉互译》，北京理工大学出版社，2006，第37页。

　　仔细研读，发现译者疏忽了原文的细节，即 US Open 这个词语的含义（Open 首字母是大写的，是有特定意义的）。文化是具体的。

　　事实上，US Open 是美国网球公开赛（http://www.usopen.org/），而皮特·桑普拉斯（Pete Sampras）是网球领域的前世界球王，温布尔顿公开赛之王，有史以来最好的草地球员，14 届大满贯得主。桑普拉斯是美国前职业网球运动员，他在 ATP 巡回赛生涯中共夺得 64 项男单冠军（包括 14 项大满贯锦标赛冠军和 5 次 ATP 年终赛冠军）以及 2 项男双冠军。桑普拉斯曾在美国网球公开赛首次夺得大满贯赛单打冠军。2003 年那年，桑普拉斯 32 岁，他宣布不会进行卫冕并退出职业赛，最终在自己首次夺得大满贯赛单打冠军的美国网球公开赛的揭幕日那天宣布了退役的决定。这样，译文中桑普拉斯 32 岁和 US Open 两件事都有落脚处了，翻译的问题也弄清楚了。遂有上述改动。

　　另外，before a US Open farewell ceremony 翻译成"在美国网球公开赛为他举办的告别仪式上"。其中，before 指的是空间位置，"在……面前"；而 a US Open farewell ceremony 具体指的是"美国网球公开赛举办的桑普拉斯退役仪式"，注意中英文表达的视角转换。这里译者需要从语言使用者的思维方式考虑问题。

　　上面的例子该很能说明文化对于翻译的影响，以及文化与翻译的关系了。翻译不仅要克服语言上的障碍，还要克服文化上的障碍，将词语中的文化因素在译文中得以妥善恰当地体现，以期避免文化因素的误译、误传、误导。

　　翻译本质上是跨文化的传播活动、交际行为，如同桥梁，如同纽带，联结起不同文明体，丰富着人们的知识和情感生活。翻译对文化多元格局的形成，有着举足轻重的作用。在世界各国人民交往的过程中，文化翻译的重要性日益提升，其沟通不同文化、增强彼此之间相互了解和尊重的作用不容忽视；由此而体现的世界多元之美代表着人类社会的进步与发展。

91　sweetness 是甜度吗？

【原文】She never really appreciated the depth and bitterness of the family's conflict.

【译文】她从未真正理解该家庭的矛盾有多深，冲突有多激烈。

【评注】

　　depth 和 bitterness 在句子中是动词 appreciate 的宾语，这两个概念名词表达的是抽象意义，depth指的是"激烈程度"（the seriousness and extent of a situation），bitterness意思是fierceness。译文之巧妙在于摆脱了英文句法的制约，把这两个抽象名词组成的结构分别翻译成了主谓结构（句子）"矛盾有多深""冲突有多激烈"。再如：

【原文】It has not all been sweetness and light between him and the mayor.

【译文1】他和市长之间的关系并不总是很融洽。

【译文2】他和市长的关系看似融洽，实则暗流涌动。

句中的sweetness也是以词缀-ness结尾的抽象名词，意为"甜蜜感"。sweetness and light是源自马修·阿诺德著作的英语习语，sweetness喻指深层的、理想化的和谐，light意思是表面的美好。译文1中的"融洽"一词准确传达了关系和睦的核心语义，但是消解了原短语sweetness and light蕴含的文学隐喻和对比之义。译文2为弥补意象缺失，通过增译手法补偿原习语的深层含义。

英语里有许多抽象名词，以后缀-th、-ness、-ance、-ence、-(i)ty等结尾，比如，happiness、patience、pertinence、stardom、purity等等。翻译成汉语，就需要用汉语里的概念表述，否则就会导致"……性""……度"之类的词语泛滥，而且语义模糊不清，反而给汉语造成语言污染。

It has not all been sweetness and light between him and the mayor.

他和市长之间的关系并不总是很融洽。

The country's leadership had underestimated the depth of the crisis.

这个国家的领导层低估了这次危机的严重程度。

We felt at home with her and were impressed with the depth of her knowledge.

我们和她一见如故，并且被她渊博的知识所折服。

The company's adaptability and profitability makes it a good choice for themselves.

该公司适应性强，盈利能力突出，成为投资者的理想选择。

Depth of friendship does not depend on length of acquaintance.

友情铁不铁/深不深，不在认识时间长不长。

92 思维转换

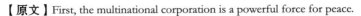

【原文】First, the multinational corporation is a powerful force for peace.

【译文】首先，跨国公司是维护和平的强大力量。

【评注】

译文在"和平"（peace）前增加了动词"维护"，使译文意思更加清晰而不至于让人费解。翻译是语言的翻译，也涉及思维的转换。由于英汉两种语言是在截然不同的社会、历史传统和生活规律中逐渐形成的，英语母语者与汉语母语者在思维习惯与表达方式自然存在差异。翻译过程中，这种差别也会反映在措辞和句式中来。因此，译者才会在译文中考虑增益翻译手段。

对于翻译中的增词法、减词法，许渊冲先生有一段高明论断，非常简洁、实用。

2+1=2（加词不加意）

2-1=2（减词不减意）

2+1=1+2（移词不移意）

2+2=1+3（换词不换意）[1]

许先生是就文学翻译谈论语言形式的变化与译文忠实与否问题，但他的观点对非文学翻译仍然有效而富有启发意义。比如下面的译例：

Society women found their arrangements impeded and upset by the continual necessity for attending the polling stations, and weekend and summer holidays became gradually a masculine luxury.

上流社会的妇女发现，因为要不断去投票站投票，她们的社交安排被搅乱了，周末聚会和夏季假日慢慢成了男人的享受。（arrangements译为"社交安排"，增加了定语"社交"）

作家王安忆说："我又怀疑一种语言是否可能不打折扣地转换为另一种语言，因我知道语言并非仅是传达的工具，本身就有社会和历史的内容，每两种语言必定不会有完全相应的字词句。"[2]

93 形象转化法

【原文】The capacity to use a raw material depends on various factors, such as means of access, methods of extraction, and techniques of processing.

【译文】利用原材料的能力大小取决于各种因素，例如获取原料的手段、开采方法和加工技术，等等。

---

1 许渊冲：《中诗英韵探胜》（第2版），北京大学出版社，2010，第117页。

2 王安忆：《戏说：王安忆谈艺术》，上海：东方出版中心，2021，第55页。

【评注】

本句的access 是个翻译难点。access是个表示概念的抽象名词，一般的英汉词典的释义都是"接近""靠近""进入"和"门路"，access在这里上下文语境中的意思是"getting to a place and obtaining something"。那么obtaining什么呢?从上文看,应该是raw material。

在领会语法逻辑之后，我们就能再现access含蓄而微妙的意义了。为了使译文通顺畅达，在引申access的词义时，将access从名词转化为动词，并加上宾语"原料"，译作"获取原料"，故means of access的参考译文为"获取原料的手段"。

从形式上看，access一词的翻译运用了词性转化和增词法两种方法；从语义看，翻译access一词采用了化抽象为具体的形象转化法，化"接近"为"手段"，读者能够理解，这样译文可以达到有效传播。

再如，下面两句话中depth的翻译都涉及词性转换和词义引申：

He gazed into the depths of her eyes.

他深深凝视着她的眼睛。

He felt totally out of his depth in his new job.

他感到根本不能胜任这新工作。

94 形象化语言

【原文】Don't get all sad-faced about what happened and scrunchy-faced about what could.

【译文】别为过往而满脸愁容，也别为将来蹙眉不展。

【评注】

形象表达让语言生动起来，是因为形象化语言把读者具体的生活体验带入客观场景，给生活现象注入某种情感。sad-faced和scrunchy-faced是两个令读者联想到面孔的词语，以具象的词义代替抽象的worried，以视觉替代心理感觉，因此整句话生动形象。下面的例子同样如此。

Somehow I got out of my depth in the pool.

不知什么原因我在池子里没了顶。

传播学奠基人施拉姆和波特在《传播学概论》中写道："Language is a beautifully engineered instrument. But even a Ferrari or a Mercedes has to be driven and sometimes tuned up. In fact, the finer the instrument, the greater the invitation to skill. Human language asks the same of its users."（"语言是一种结构精巧的工具。但即使是法拉利或奔驰轿车也需要驾驶，有时需要调整。事实上，工具越好，对技巧的要求就越高。人类语言也向它的使用者提出同样的要求。"）[1] 耐心品味语言细节的韵味，加深对于语言的理解，纵然译途崎岖，也终会化险为夷。

中文里也有形象化语言，译成英文却千姿百态，可能译成仍然形象化的语言，也可能转化成略微抽象的语词：

所谓知识就是对世界上发生了什么事有根有据的了解。

Knowledge is an informed understanding of what is going on in the world.

阻止难民潮跨越边境的尝试

an attempt to stem the flow of refugees across the border

这里，"有根有据的"译成了抽象的 informed，"难民潮"这个形象生动的说法用依然鲜活的"水流"意象 the flow of refugees 译出。

95 俗语的翻译

【原文】 我骂他们是因为恨铁不成钢。

【译文】 I scolded them because I regretted that they did not live up to our expectations.

【评注】

俗语是民间流传的通俗语句，包括俚语、谚语及口头常用的成语，简练形象有趣味，举重若轻中即可令人信服其中蕴含的深刻道理。各民族有自己的风俗人情和文化信仰，不同的生活和地理也反映到语言上来。俗语的地方性产生了丰富的文化特色，俗语翻译也就需要格外留心，免得文化差异造成交际误会甚至冲突。

财富中文网 2011 年 8 月 12 日刊载的双语文章有 tough love for 一说，其对应译文"恨铁不成钢"颇得原文之妙：

A. That's tough love for Nissan, which prides itself on "innovation without limits," but it's taken hits before.

这些苛责也算是对日产的恨铁不成钢。日产虽然标榜自己"创新无极限"，但这已经不是它第一次受到这种抨击了。[2]

1　[美] 威尔伯·施拉姆、[美] 威廉·波特：《传播学概论》（第二版），英文影印本．北京大学出版社，2007，第 87 页。

2　参见 http://www.fortunechina.com/huanqiu/c/2011-08/12/content_66897.htm。

B. 事后诸葛亮容易做。

It's easy to be wise after event.

诸葛亮是中国历史人物，"事后诸葛亮"中国汉文化色彩浓郁，直译的话从英美人口中吐出来不符合情境，给人造成误会，翻译出俗语的真正交际意图、语用含义应该是不错的翻译选择，尽管损失了生动的意象，但是可以达成交际双方的沟通，也不至于引起错误的联想或者误解。

96 翻译视角转换

【原文】Now he belongs to the ages.

【译文】现在起，他将名垂青史。

【评注】

1865 年 4 月 14 日晚，林肯总统在首都华盛顿的福特剧院（Ford Theatre）被约翰·威尔克斯·布思（John Wilkes Booth）暗杀，于第二天去世，成为美国历史上第一位殉职的总统（martyred President）。4 月 15 日，林肯总统停止呼吸的时候，守候在他身边的美国国防部长（Secretary of War）爱德华·斯坦顿（Edward Stanton）说："Now he belongs to the ages."

2013 年，"南非国父"纳尔逊·罗利赫拉赫拉·曼德拉（Nelson Rolihlahla Mandela）辞世，时任美国总统奥巴马（Barack Obama）表示哀悼说："Today, he has gone home. And we have lost one of the most influential, courageous, and profoundly good human beings that any of us will share time with on this Earth. He no longer belongs to us—he belongs to the ages."

这句英文中 the ages 以具体的"不同的时代，历代"，指代永恒的历史、不朽，是典型的具体—抽象视角转换翻译技法。"He belongs to the ages."类似于中文里的"他将永垂不朽""他将名垂青史""历史不会忘记他"等说法要表达的含义。

He no longer belongs to us—he belongs to the ages.

人群中不再有他的身影，但他将名垂青史。

下面的句子里，thorn 以具体的"荆棘"比喻"痛苦的"这个抽象意义，wilderness 与 one thorn 对照，极言告诫次数之多；age 以抽象概念代替具体的"老年人"。

One thorn of experience is worth a whole wilderness of warning.

一次痛苦的经验抵得上千百次的告诫。

Age has status in the village.

农村里年长者受尊重。

具体—抽象视角相互转换，反映出中英文文化对于事物的观察和表达角度的不同。

97 交际心理期待

【原文】The insurance plan will provide substantial cash benefits to your family in case of your death.

【译文】投保人一旦亡故，该项保险将给其家属支付相当可观的保险金。

【评注】

译文要取得令人满意的传播效果，就得满足译文读者的心理需求。心理需求又与读者的阅读期待密切相关。

英文以精确为指向，原文中 your family 指投保人家属，your death 指投保人亡故，使用代词 your 把说话人与听话人置于同一立场上，能有效拉近说话人与听话人/读者之间的心理距离，建立良好的沟通氛围；your 的使用体现的是英语文化个人主义价值观，听话人感觉受到重视。中文以委婉为手段，把 your family 与 your death 分别翻译成"其家属""投保人"，避免直接说听话人（"你"）死亡，因为在中国文化中，人们对于死亡尤其忌讳。另外，"一旦""其""投保人"都是书面语用词，有助于使译文语言得体，保证译文文体符合使用场合。原文译文均符合各自的文化心理、文体要求。

文化心理是理解原文和译文表述的重要考量因素。由此，可通过词语的使用实现译文文体与原文对等，接近译文读者的心理期待，尽量实现译文的最佳传播效果。

98 语言礼貌

【原文】After a great deal of thought and a lot of work on our relationship, we have made the decision to end our marriage. Over the last 27 years, we have raised three incredible children and built a foundation that works all over the world to enable all people to lead healthy, productive lives. We continue to share a belief in that mission and will continue our work together at the foundation, but we no longer believe we can grow together as a couple in this next phase of our lives. We ask for space and privacy for our family as we begin to navigate this new life.

【译文】经过慎重考虑和维护关系的努力，我们决定结束婚姻。在过去27年里，我们养育了三个出色的孩子，建立了一个在世界各地开展工作的基金会，这个基金会致力于让所有人都能过上健康、多彩的生活。我们将秉承这一使命，继续共同为基金会工作。我们不再相信可以在下一人生阶段能够以夫妻的名义一起成长。在我们开始新的生活时，希望家庭能够获得空间和隐私。

【评注】

这是一则名人的离婚声明。离婚却不互相伤害，言辞间看得出对彼此的爱护，所以值得细品其语言及韵味。

英文的段落内部的语言衔接采用显性的关联词语after一次、指称代词our五次、that一次、this二次；全文总共四句话均以we做主语，代词we出现六次，形成一个连贯的语义核心。看得出，盖茨和梅琳达的声明措辞严谨，作者的语言软实力令人赞叹。

现在进入翻译的第二阶段——表达。首句中的after处理成中文中表示先后关系的连词"经过"。a great deal of thought是"慎重考虑"，a lot of work on our relationship是"极力维护我们的婚姻"（出于行文通顺的需要，正文已调整为"维护关系的努力"）；a great deal of 和a lot of 两个短语都是表示数量的词语，中文翻译成表示性状的词语。几个词语的译法均摆脱了原文形式上的束缚，挥洒自如。

第二句里a foundation that works all over the world to enable all people to lead healthy, productive lives如何翻译？中文媒体把productive翻译得很精彩、很丰富，"富裕的""富有成效的""充实的""有成就的"等，译者一定都有自己的道理。这里我们用了"多彩的"一词，多彩的生活一定不缺钱，至少这则声明中的当事人看来如此。

第三句continue出现两次，译法各不相同，差异中可见译者的匠心。

最后一句里our family语义丰富，可能指盖茨、梅琳达以后各自的家庭生活，也包含三个子女的家庭生活，他们的家人，等等。译文省略"我们的"（our），以含糊、泛称的表述"家庭"表达原文的丰富内涵，尽量实现与原文深层意义的对等。

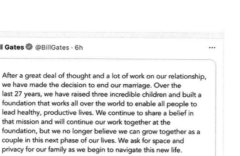

比尔·盖茨推文

（图片来源：澎湃新闻，2021-05-04）

99 中文的动态性

【原文】事实一再证明，搞麦克风外交无法改变事实，只能破坏互信。希望菲方有关人士发表言论时符合基本礼仪和身份。

【译文】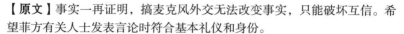Facts have proven time and time again that megaphone diplomacy can only undermine mutual trust rather than change reality. We hope that certain individual from the Philippines side will mind basic manners and act in ways that suit his status.

【评注】

2021 年 5 月 3 日菲律宾外交部发表声明，对中国海警船在黄岩岛海域巡逻提出抗议。菲律宾外长洛钦也就此在个人社交账户上发表带脏字的言论。中国外交部发言人汪文斌如是答记者问，不卑不亢，绵里藏针。

中文主语是动词词组"搞麦克风外交"，英文只能以名词"megaphone diplomacy"作主语才符合英文语言规范。又如：

A rough road leads to the stars.

A. 循此苦旅，以达星辰。（大英图书馆微博）

B. 崎岖的道路通向星星。（某网络词典）

大英图书馆微博把名词 a rough road 译成动词"循此苦旅"，整句话成为假设复句，文言味儿十足，译文如原文般阳光励志。网络词典的译文依照原文的句式结构展开翻译，译文几乎难以卒读。

类似地，英文一些常见名词定语译成中文时也须加上动词，才会更加具有中文的味道。英文 a fire engine 以名词 fire 作定语，对应中文是"消防车"，中文以动词作定语，表明车辆的用途。下例中"适航标准"对应的英文说法 airworthiness standard，中文是动词（"适航"）作定语，而英文是名词（airworthiness）作定语：

中国商飞公司首先要面对的质疑就是该公司的产品能否满足适航标准。

The first question Commercial Aircraft Corporation of China, Ltd. will face is whether its products can meet airworthiness standards.

英文常常以 of 引导的短语作定语，译成中文时也需要加上动词才行：

We all have our moments of brilliance and glory.

我们都有属于自己的高光时刻。

开头的译例中，"无法改变事实"与"只能破坏互信"，一正一反的表达形成鲜明对照，译文以 rather than 体现强烈的对照语气。"发表言论时符合基本礼仪和身份"译成"mind basic manners and act in ways that suit his status"，言外之意就是对方没有礼貌，言辞有失身份，中方有礼有节地指出对方的外交辞令失礼失态，用 certain individual 而不直接点名本身就是克制的表达。译文呈现、点明了原文的真实意义，清楚有力，一针见血。

100 意象转换

【原文】青年是社会上最富活力、最具创造性的群体，理应走在创新创造前列。

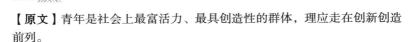

【译文】Young people are the most dynamic and most creative group of our society, and should stand in the forefront of innovation and creation.

【评注】

1）"走"这里实际上是"处于某一位置"，如果直译成 walk 就草率了，因为 walk 并没有"处于（某种位置、状态或状况）"这一层意思。"走"看上去是译成"站"（stand）了，貌似不符合原文，实质上却译出了原文的准确意义，可谓貌"离"神"合"的佳译。

词典是最好的老师。《柯林斯 COBUILD 高级英汉双解词典》stand 词条下有如此义项：

V-LINK You can use *stand* instead of "be" when you are describing the present state or condition of something or someone. 处于（某种状态或状况）

所以，"走在创新创造前列"就是 stand in the forefront of innovation and

creation。翻译之前，理解原文这一环节再怎么强调都不过分。

2）"最富活力的""最具创造性的"两个词语中，"富""具"属于同义词，都表示"具有"的意思，但是发音有变化，读起来更铿锵，语言现出文采，真应了创造力的景儿。译文分别用了 most dynamic 和 most creative，具有相同的语义结构，相同的语法作用。

101 信息拆分

【原文】When a man speaks or acts with good intention, then happiness follows him like his shadow that never leaves him.

【译文1】一个人心怀善意说话、做事，幸福就会如影随形，永不离去。

【评注】

　　拆句译法是中英翻译中有效便捷的技巧。原文里 that never leaves him 是 shadow 的定语从句，在译文里和 shadow 分离，没有继续做定语，而是译成"永远不会离开"，和"如影随形"并列的谓语。如果仍然翻译为定语的话，译文将会是：

【译文2】"当一个人怀着善意讲话或做事的时候，幸福就像永远不会离开的影子一样跟随着他。"

　　比较译文1和译文2，你愿意接受哪一个译文呢？拆句译法也让下面的译例熠熠生辉：

　　New Year's Eve has the power to reunite families and friends, warm up our hearts, and remind us that we have so many things to be thankful for.

　　新年前夜有种力量，它让家人和朋友团聚，它温暖我们的心，它提醒我们有许多事情值得感谢。

　　如果把原文的3个不定式定语依然译成 power（力量）的定语，"有……的力量"结构中动词和宾语"力量"隔得太远，译文读者理解起来会既费力又别扭，把 power 长长的定语译成与 power（力量）并列的小句，有啥好处？不要改变语序；译者省力，翻译不易出错；符合汉语审美的译文令读者愉悦，"三全其美"。

　　拆句译法实质上是把原文的信息进行了拆分、重组。之所以拆句翻译，是因为原文的信息较为密集，不改变原文的结构形式的话，译文会无法充分再现原文信息。拆分后的译文，语序可能会发生改变，译文有时会偏离原文的形式，但是译文能够更好地再现原文的信息内容和逻辑关系。

请看：

A. His failure to observe the safety regulations resulted in an accident to the machinery.

因为他没有遵守安全规则，机器出了故障。（名词短语译成子句）

B. When enough of us had gathered, he began to speak in a wonderfully resonant and carrying voice.

眼见围了不少人，他于是扯开嗓门，很远的地儿都能听得见他的声音。（carrying voice 由定语译成子句"很远的地儿都能听得见他的声音"。）

102 信息优先

【原文】When food crisis began several years ago, with soaring prices and supply shortages, governments agreed to invest much more in agriculture. And with predictions of a global population of nine billion by 2050, the need for more food has become increasingly urgent. But some say food security cannot be achieved unless trade barriers are removed.

【译文】几年前，粮食危机出现时，粮食价格飙升，粮食供应短缺，各国政府同意增加农业投入。另据预测，到 2050 年世界人口将达到 90 亿，粮食需求愈加迫切。然而有人认为，只有消除贸易壁垒，才能获得粮食安全。

【评注】

信息优先意味着在翻译过程中信息传递的准确性和完整性应高于语言形式上的对等。当形式和语义等值冲突时，应优先考虑语用效果，即信息的有效传递。

信息型文本的翻译强调"信达雅"翻译原则中之"信"的重要性，即忠实于原文，这在信息价值优先的翻译中是基础。

在本例的翻译中，译文优先保证了核心信息的传递。译者将复杂的句子结构进行合理调整，以中文读者易于接受的方式呈现信息。例如，将 when food crisis began several years ago, with soaring prices and supply shortages 处理成"几年前，粮食危机出现时，粮食价格飙升，粮食供应短缺"，先点明时间和事件，再补充危机的具体表现，使信息更加直接明了；而其中的介词短语 with soaring prices and supply shortages 在译文中处理成小句"粮食价格飙升，粮食供应短缺"，两次增加了"粮食"一词。

另一个介词短语 with predictions of a global population of nine billion by

2050 的译法也可圈可点，译文没有僵化地追求字面对应、对等，因为译者明白语言的深层意义才是译文应该优先传递的信息。翻译先解决意思"对不对"的问题，然后再考虑修辞"好不好"的问题。

译文完整准确地涵盖了原文的所有关键信息，同时整体逻辑连贯合理，符合中文表达习惯，便于读者理解。在确保信息完整性的前提下，可适当调整语言形式以适应目标读者的认知习惯，使译文在目标语境中产生与原文相近的传播效果。

在翻译过程中，信息优先指译者在处理语言符号的形式、语义、语用、文化内涵等多维度信息时，需根据特定原则对信息层级进行取舍和排序，其本质是跨文化语境下的策略性选择，在"形式—内容—功能"三角关系中寻找最优解。

103 委婉语

【原文】Upon arrival, officers located six deceased adults and one adult male with serious injuries who was transported to a local hospital where he succumbed to his injuries.

【译文】到达现场后，军官们找到了六名死者和一名重伤成年男子。伤者被送往当地一家医院后终因伤势过重不治身亡。

【评注】

原文有个词语 succumbed to his injuries，是委婉语用例。

succumb to something，中文意为"（向诱惑、压力）屈服"，如：

Don't succumb to the temptation to have just one cigarette.

不要屈服于只抽一支烟的诱惑。

succumb to something 短语本身没有委婉修辞意味，但是因其后接的宾语 injuries 而在上下文里产生了委婉的含义。"...he succumbed to his injuries" 既点明了伤者死亡的原因，同时也通过委婉表达避免提及"死亡"这一令人不快的禁忌话题，此语事实信息和情感信息都得以充分表达，一举两得，说话人用心良苦。

有些委婉语用法已经稳定下来，记录在词典里，如 pass away（去世）、between jobs（失业）、physically challenged（身体残障）、hard of hearing（耳背、耳聋）等等。

You might need them if you're in between jobs.

以后工作中你会用得到这些技能。

In some churches, long benches are fitted with hearing aids for worshippers who may be hard of hearing.

有些教堂的长凳上配有助听器，为那些听力有困难的礼拜者提供方便。

还有一些委婉语属于词语搭配而临时产生的新奇用法，如上例succumb to his injuries就是如此。委婉表达是人们用来表达思想的语义手段，通过语言礼貌得体，说话人力图达到理想的实际效果。译者有责任在译文中充分反映原文的话语方式，使得读者能够尽可能接近、体味原文的情境。

104 四两拨千斤

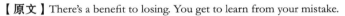

【原文】There's a benefit to losing. You get to learn from your mistake.

【译文】失败的好处是，你可以从中吸取教训。

【评注】

1）译文合并了句子，信息融合，句子短而有力。原文首句"There's a benefit to losing"表示某种社会存在，"失败有好处"。译文中"失败的好处是……"这一句式预设了失败也有好处这一逻辑，所以第二句话的信息自然包含在这一句式中。

2）losing和your mistakes本来并非近义词，但此处同义互指，体现出英文不喜重复的特征；译文以"失败"译losing，以模糊的"从中"表达from your mistakes，略去your mistakes，简洁、准确而得体。

3）get to learn表示动作，"可以汲取"；learn from，表结果的动词，"汲取""学会"。get的分量不小，微言大义。

4）原文整个语篇共两句话，第二句话是对于第一句话的解释、深化，具体阐明a benefit to losing的含义。译文合并句子，否则会语气欠连贯。语篇是一种大于句子的语言使用和翻译单位，是理解语言的宏观视角、总体视角。微观、宏观合力作用，方显译文的周详、可读。

5）仅仅改变标点符号也是一类合并句子、融合信息的译法，有四两拨千斤之妙。何乐而不为呢？您不信？请看下例：

Knowing is not enough; we must apply. Willing is not enough; we must do.

获得知识并不够，还要去应用；立下志向也不够，还要去行动。

原文两句话，每句话都是先否定、后肯定，全文的对比修辞展示出震撼的语言力量。译文用分号把两个句子整合为一句，把原文先破后立的修

辞保留下来。先破后立，有破有立，才是建设性话语；只破不立的话语不
是积极的、建设性的话语，只能造成破坏。

 中国日报 🐼 ❤️ 👤
8小时前 来自 微博 weibo.com

Knowing is not enough; we must apply. Willing is not
enough; we must do. 获得知识并不够，还要去应用；立下
志向也不够，还要去行动。早安！

（图片来源：中国日报官方微博）

105 翻译是跨文化社会交往

【原文】Although one mode of transportation may get the job done for a given
shipper, intermodal shipping is often the choice, which involves the use of two or
more modes of transportation. Some modes such as rail cars can move products
economically; others such as trucks, can complete the delivery in a timely fashion.

【译文】虽然一种运输方式可以完成某一托运人的工作，但多式联运往往
是实际选择。多式联运是指使用两种或两种以上的运输方式。一些运输方
式（如铁路）运输价格较为经济划算；另一些运输方式（如卡车）优势在
于交货及时。

【评注】

the choice译成"实际选择"，增加"实际"，既是the choice的语境意
义，也与前面"可以完成"形成可能—事实的逻辑链，二者对照，译文表
达才十分清楚。

翻译是一种跨文化的社会行动，是为了解决社会问题的行为，也是文化交流的桥梁。

形式、内容、语境，三者互动方可完成翻译交际行为。形式和内容构成了语言表达；语境是语言使用的具体社会场景，既指上下文，又指具体的时空。语言是有社会意义的，翻译是有社会价值的。

有一个涉及中外汽车修理培训课程的中译英翻译项目，其中有一句中文原文如下：

原文1：*一辆丰田卡罗拉轿车行驶时，水温指示表指针指向红线，水温警示灯闪烁，发动机加速时伴随有明显的金属敲缸声，汽车动力明显不足，产生常见的"开锅"现象。

译文1：When a Toyota Corolla car is driving, the water temperature indicator points to the red line, with water temperature warning lights flashing, and engine accelerating with an obvious metal knocking sound. This shows that the car power is obviously insufficient, thus resulting in a common "open pot" phenomenon.

笔者分析，在原文1中，"轿车行驶""汽车动力明显不足"与发动机"开锅"均涉及汽车行业术语，"开锅"是汽车发动机水温过高的通俗比喻。这几个词语是翻译的关键点，译文1脱离了现实情境，不从文化差异角度考虑，译文就出问题了。为译文读者考虑，修改后的译文2如下。

【译文2】When a Toyota Corolla car is running on the road, the water temperature indicator points to the red line, with water temperature warning lights flashing, and engine accelerating with an obvious metal knocking sound. This shows that the car was noticeably under-powered, thus resulting in a common "excessively high water temperature" phenomenon.

106 译者的传播意识

【原文】Culture is like an iceberg. It's very beautiful but very dangerous. Only a small part of culture is visible. For instance, food, dress, paintings, architecture and dance, etc. are apparent to eyes. But a greater part of culture is hidden under the water, such as belief, attitudes, perception and values. They are out of our awareness. This makes our study of culture difficult.

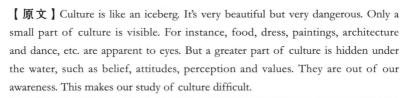

【译文】文化就像一座冰山，看上去很美，但也非常危险，因为只有一小部分文化浮在海平面之上，例如食物、服装、绘画、建筑、舞蹈等，都是

用眼睛能看得到的；但文化大部分隐藏在水下，比如信仰、态度、感知和价值观，往往是我们所想不到的。隐性文化使得我们学习文化变得困难。

【评注】

翻译是为了解决社会问题。译者要始终把读者放在心中，译者要为读者服务。译文要易于读者理解，译文才会被关注、被传播，才会实现价值、产生力量。

译者面对的原语文本并非总是流传久远的经典作品，非文学类作品翻译尤其如此。面对这样的原语文本，译者要保持初心，为译文读者提供优质语言服务，促进跨语言理解、跨文化沟通。

本翻译实例原文就是英文衔接明显但很普通、很朴实的一段文字，翻译成中文时不加以适当变通（比如合并句子、引申词义等）的话，译文就会结构松散、可读性较差，势必影响译文的传播效果。

1）原文七句话，成三个义群，第一、二句组合是主题句，第三、四句是第二个义群，第五、六、七句话是第三个义群。后两个义群以对比的方式用实证说明文化好似冰山，好看但危险重重。

译文共分两句话，第一句是因果关系复句、长句，实质上是原文前6句话的中文表达。译文合并众多句子，目的就是使语篇紧凑，逻辑顺畅，主旨突出。读者的需求译者必须牢记在心。

2）visible一词的翻译进行了变通，引申词义，译成"浮在海平面之上"是为了与下文的"隐藏在水下"呼应、对比，语篇的内在逻辑紧密，语言表达有力。这也是译者发挥积极能动创造作用的体现。

3）原文"They are out of our awareness."虽然独立成句，但是放在例子"such as belief, attitudes, perception and values"之后，是先叙后议的逻辑结构，与前文"are apparent to eyes"接在例子"For instance, food, dress, paintings, architecture and dance, etc."之后一样，先叙后议。所以，"They are out of our awareness."变通成与前一句相同的句式，以相应的例子合并成一句，"……往往是我们所想不到的"。

译文里，外在的文化形式"都是用眼睛能看得到的"，而无形的文化"往往是我们所想不到的"（加"往往"不绝对，符合事实：有些文化内容我们注意到了）。这样显著对比的写作手法，译文层次分明、说理简洁而易懂，减少了读者的认知付出，译文变得有趣起来。用许渊冲教授的话说就是，译文和原文竞赛，译文可能超越原文。[1]

---

1 许渊冲：《新世纪的新译论》，《中国翻译》2000年第3期，第2—6页。

107 译者是会思考的桥梁

【原文】 Strong relationships need honesty.

【译文】 只有以诚相待，关系才会更加牢固。

【评注】

1）本翻译实例虽然短小，但很能说明其中的翻译原理。

原文是简单句，译文却呈现的是条件复句。原因在于，原文里strong relationships虽然是"形容词＋名词"构成的名词短语，strong却是relationships的逻辑谓语，原文中名词短语strong relationships转化成中文陈述句"关系才会更加牢固"，与"以诚相待"这个动词呼应；honesty虽然是名词，却蕴含了"为人诚实"这个前提，译文处理为中文的动词。而need表达了主语strong relationships与宾语honesty之间的逻辑是结果—条件关系。

2）并非所有结构相同的词组、句子都具有相同的语法意义，译者需要明辨其中的语法意义，以免掉入陷阱。比如，his car、his failure、his arrest和his goodness这四个词组，表层语法结构都是"形容词＋名词"，即"A+B"型的名词短语。

从深层意义看，his car是"他有车"，表示"A占有B"；his failure是"他失败了"，表示"A做了B"，failure源自不及物动词fail；his arrest表示"他被捕了"，arrest源自及物动词arrest（somebody）；而his goodness表示A与B之间的关系是"B是A的特性"，goodness源自形容词good，表示"he is good"。看得出，这些名词短语都是由不同的句子转换而来，或者说这些名词短语都是某个句子的缩写形式，均蕴含着某个社会事件、行为过程或者事物的某种状态。

3）弄清词句的深层意义，就是分析清楚词语所蕴含的逻辑关系，方可有理据地采用词性转换、词句转换等相应的翻译策略，也可以避免欠额翻译（under-translation）、超额翻译（over-translation）等现象的出现。可以说，翻译中要弄清名词结构的表层结构和深层意义，译文才能表意准确，沟通才会顺畅。

108 市长竞选

【原文】 We have to be ready for whatever happens. We are in the hands of God.

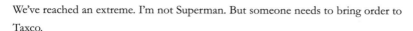

We've reached an extreme. I'm not Superman. But someone needs to bring order to Taxco.

【译文】我们不得不做好准备应对一切可能发生的事情。我们在听天由命。形势已恶化到极点。我不是超人，但要有人给塔斯科建立秩序。

【评注】

本则译文出自参考消息网 2021 年 6 月 7 日的报道，原文转引自美国《华盛顿邮报》网站。新闻背景是墨西哥塔斯科市商人马里奥·菲格罗亚在参加该市市长选举期间胸部中弹。自 2020 年 9 月开始，墨西哥中期选举期间已经有 89 名政治人物或候选人被杀害，本次选举成为墨西哥历史上最血腥的一次选举活动。马里奥表示，尽管犯罪猖獗，但他仍要站出来维护自己城市的秩序。

原文 5 句话都以人为主语，其中前 3 句主语都是 we，为平行句式，各句之间不用关联词，语气急促，与压抑逼人的现实互为呼应，是演讲者就客观情形给公众的警告、提醒。第 4 句话里演讲者非常谦逊，称自己并非超人，继续前 3 句话欲扬先抑的语气和节奏，降低了听众的期待，不过客观的自我评价（"我不是无所不能的超人"）有利于听众接受演讲和演讲者。以听众所熟悉的 Superman 作对比，为后一句话所含的核心观点提前铺垫，原文的说服策略简单有效。

全文只在第 5 句话开头陡然出现一个语义强烈的连词 but，非常醒目，本句话成为整段话的核心观点，也和开首第一句话遥相呼应，以坚定的语气点明演讲观点，提振公众的信心。简单的句式，浅显的叙述，所产生的话语力量却是巨大的。

译者要牢记沟通东西方文化的使命，依据原文的话语修辞提供贴近演讲者意图和公众心理的译文。be ready for 短语中的 for 译为动词"应对"。Superman 是美国 DC 漫画公司旗下超级英雄的卡通人物，力大能飞翔，还具备很多其他超出常人的能力，借着好莱坞电影的巨大影响已经成为世界知名的文化符号、正义和真理的象征。

"We've reached an extreme." 一句话的译文主语是"形势"，不同于原文。增加动词"恶化"，是承接前两句话把原文的隐含信息推到前台（foregrounding），使之明确。改变主语，增加动词，后两句合并为一句，三管齐下，译文语气贯通，一气呵成，译出了原文的信息、气势和韵味。

109 翻译四步走

【原文】Every time God closes a door, he opens a window.

【译文1】每次上帝关上一扇门，他就会打开一扇窗。

【译文2】每次上帝关上一扇门，上帝就会打开一扇窗。

【译文3】每次上帝关上一扇门，就会打开一扇窗。

【译文4】上帝关上一扇门，就会打开一扇窗。

【评注】

译文1会造成歧义，引起误解。原因是，英文原文使用代词he指代前半句的主语God，这是英文最常见的一种衔接手段，中文译文照原文语篇继续使用代词，把he译"他"，这是不符合中文语言行文规范和衔接方式。"每次上帝关上一扇门，他就会打开一扇窗。"这句中文里，"上帝"与"他"未必始终同指一个描述对象，所以译文1会误导读者。

翻译包含理解和表达两个阶段，尤金·奈达和查尔斯·泰伯把此二阶段细化为四个步骤。经论证，他们提出翻译过程包括四个步骤：分析（analysis）、转换（transfer）、重组（restructuring）和检验（testing），也即四个阶段。[1]分析过程即理解过程，转换、重组是表达过程的具体操作步骤。检验过程是校对译文的阶段，译文没有最好，只有更好。译者都是谦逊勤勉，不断追求卓越的。

译文2、译文3、译文4提供了三种翻译，均能够表达清楚，符合中文的语言规范和习惯，但是这三种译文还是各有千秋的。译文2把英文里的代词he还原成名词"上帝"，顺应了中文多用同一名词指称同一事物的惯例。因为主句和从句主语同一，译文3把主句的主语省略，是中文常见的句式，译文3胜过译文2。译文4超越其他几个译文，胜在不使用关联词"每次"（此处为"每当""每逢"之意），完全摆脱了原文的外在形式限制。此外，译文4用词最为经济，也最为达意。

下面第一则翻译实例中，中译文放弃连词，不受原文形式的拘束，酣畅淋漓，堪称地道；第二则翻译实例中，介词like化身为"学"，cattle从语义概括的"牛、牲畜"出发被译成具象的"牛羊"（也符合现代汉语双音节词产生的节奏），提高了译文的可接受性，具体的概念比概括的概念易

1 Eugene A. Nida & Charles R. Taber. *The Theory and Practice of Translation*. Shanghai: Shanghai Foreign Language Education Press, 2004.

于理解：

> When you finish the draft, send it to me.
>
> 稿子写完了，就寄给我吧。
>
> Be not like dumb, driven cattle!
>
> 别学哑口无言、任人驱使的牛羊！

分析原文，用译文的语言把原文的信息表达出来，重新组合、排列词语，并使之符合译入语的用法，最后的检验标准就是看译入语的母语读者理解译文是否最为轻松。无论是把代词还原为名词，还是省略关联词，都是具体践行"翻译过程四阶段论"，在翻译供给侧为译文读者准备最流畅译文、提供最佳语言服务，追求译者职业价值。

110 天人合一

【原文】从道法自然、天人合一的中国传统智慧，到创新、协调、绿色、开放、共享的新发展理念，中国把生态文明建设放在突出地位，融入中国经济社会发展各方面和全过程，努力建设人与自然和谐共生的现代化。

【译文】From the traditional Chinese wisdom that the laws of Nature govern all things and that man must seek harmony with Nature, to the new development philosophy emphasizing innovative, coordinated, green and open development for all, China has always prioritized ecological progress and embedded it in every dimension and phase of its economic and social development. The goal is to seek a kind of modernization that promotes harmonious coexistence of man and Nature.

【评注】

"天人合一的中国传统智慧"译为 the traditional Chinese wisdom that man must seek harmony with Nature，这个理念中，人是主动的行动者，自然（天）是客观的地理环境，所以"天人合一"的译文中主语是 man，动词是 seek。"天人合一"这个概念还有 oneness of man and nature 等译法可供参考。

"各方面"和"全过程"合并翻译，every dimension and phase，其中 every 对应"各"和"全"，every phase（各阶段）即"全过程"。这样的译法涉及看待世界视角的变化：过程是连续的，每一个阶段加在一起就是完整的全过程；"全过程"分解成"各阶段"，就可以和"各方面"共用一个修饰词 every，从而可以融合信息，every dimension and phase 是把时间、空间两个方面结合在一个概念里，语法结构简洁。

111 译者的初心

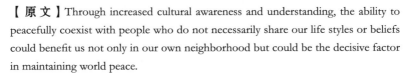

【原文】Through increased cultural awareness and understanding, the ability to peacefully coexist with people who do not necessarily share our life styles or beliefs could benefit us not only in our own neighborhood but could be the decisive factor in maintaining world peace.

【译文】通过提高文化意识、增进文化理解，能够和与我们生活方式或信仰未必相同的人和平共处。这种能力不仅可以使我们在国内受益，而且可以成为维护世界和平的决定性因素。

【评注】

1）neighborhood是"社区"之义，与后面maintaining world peace一语中的world形成对照，指的是文化意义上的"本国"，为避免"社区"的用法可能在中文读者中造成的歧义，译文将neighborhood处理为"国内"。消除歧义、消除误解，是译者的本职工作。

2）译文运用信息拆分的手段举重若轻，译文逻辑层层推进。

首先，原文一句话译成两句话，信息进行了拆分。插一句，曾在香港中文大学校园看到学生事务处学习辅导及文化共融小组发布的一则活动海报，但见其中"学习辅导及文化共融组"对应的英译是Learning and Cultural Enhancement Section，把"辅导"和"共融"合译为enhancement是信息融合的佳作，是信息拆分的相反操作。如果从英文开始看中文，enhancement对应"辅导"和"共融"两个词语，就是信息拆分无疑了。

其次，名词the ability分别翻译成动词"能够"和名词"这种能力"。"能够和与我们生活方式或信仰未必相同的人和平共处"成为第一句的主句。"这种能力"起始的小句另起一句。（"这种能力"不加的话，"不仅可以使我们在国内受益"表达清楚合理，但是"而且可以成为维护世界和平的决定性因素"就不太通顺了。）译文的第一句以个人为视点，第二句以群体为视点，整个译文呈现出由小及大的整体视野，逻辑有力。

最后，increased一词是由过去分词转化来的形容词，作cultural awareness and understanding的定语，译文里它的词性发生了变化，是动词，而且拆分为"提高"和"增进"两个信息点。cultural的译文出现两次，分别是"文化意识""文化理解"，词语重复也是信息拆分的一种表现方式，把原文的逻辑关系表达得一清二白。

112 传播和意象

【原文】 She tried to thrust back the little stabs of home-sickness.

【译文】 她努力排遣涌上心头的思乡之情。

【评注】

　　翻译是跨文化传播落地的一个关键环节。生动的语言能够有效提升传播的效果。比喻就是一种生动立体的语言手段。乡思就像利刃刺中心房，是怎样的痛楚啊。所以忘却、排遣思乡之苦犹如抛却（thrust back）匕首。隐喻使得原文饱含形象美，译文尽量在目的语文化中找到合适的语词和意象（"涌上心头"）来形象再现其中的信息。看一个译例：

　　I was fired with enthusiasm to go traveling in Asia.

　　我满怀热情去亚洲旅行。

　　这里 be fired with enthusiasm 一语栩栩如生，原因就在于动词 fire 由"点火"用比喻引申出"激发，激励"（to make someone feel interested in something and excited about it）的意思。

　　再如下面这个翻译例子，come on to somebody（爱上）的意思是由空间方位的"到达"转化为心理的"到达"（喜欢、动心、爱上）。这样的语义转化过程，"叫我如何不想她"（刘半农同名诗歌）？

　　Diana's been coming on to him.

　　戴安娜爱上他了。

113 书名翻译有味道

【原文】 *The Confusions of Pleasure: Commerce and Culture in Ming China*

【译文】 《纵乐的困惑：明代的商业与文化》

【评注】

　　《纵乐的困惑》一书的译名很有意思，给翻译苦旅带来有趣的启示。

　　加拿大知名汉学家卜正民（Timothy Brook）研究中国明代文化史的英文著作 *The Confusions of Pleasure: Commerce and Culture in Ming China*，该书中文版译名《纵乐的困惑：明代的商业与文化》。中英两相对照，书名的翻译颇值翻译学习者鉴赏玩味。

　　先说英文书名。该书讲的是中国明代的商业与文化，故有"Commerce

and Culture in Ming China"这个标题；又因为本书的视角是从社会底层审视明代中晚期中国历史发生的变化，当时商业文化兴起，百姓生活活力澎湃，财富新贵惺惺作态，而上流阶层却对商业潮流带来的压力变得日益焦虑不安。这样矛盾交织的复杂社会面相就凝练成此书标题中的"The Confusions of Pleasure"。

至于该书名中文翻译，有两点值得借鉴。一是 in Ming China 直接翻成"明代"，而不是"中国明代"或"明代中国"，译文读者（中国人）都知道明代是中国历史上的一个朝代，重复"中国"就多余了，因此翻译是要考虑读者的文化背景的。一是 pleasure 到底是"快乐"还是"纵乐"大概是会让译者纠结一阵子的，所以译者要理解书名与该书内容的密切联系，了解书中的内容，搞清楚作者选择将 pleasure 列入书名的缘由。"快乐"是心情，"纵乐"是行为。该书追溯了明代中后期资本主义萌芽兴起时百姓生活的各个方面呈现出迥然不同（pleasure 的所指）气象的社会根源，及其给儒家文化中轻商主义一统天下的传统与中国社会上层建筑带来的挑战（confusions 的所指）。可见，pleasure 译成"纵乐"是言之有据的。

麻省理工学院社会学教授雪莉·特克尔（Sherry Turkle）的著作《群体孤独》认为信息技术带来沟通的便利，人们之间的联系似乎更轻松、更密切，但实际上人与人之间的关系弱化；虽然身处人际网络，人却感觉更加焦虑、更加孤单。这也是该书英文书名 Alone Together 的深刻含义所在。Alone 和 together 组合，构成了英文典型的矛盾修辞（Oxymoron），将矛盾的概念置于一处，乍一看不合情理，细加揣摩却尽在情理之中，启人深思，别有意趣。无独有偶，电视剧《团圆》（2010）的英文剧名是 Apart Together，也是巧用矛盾修辞，动感十足，熟悉英文文化的读者自然会心领神会其中的趣味。

美国汉学家傅汉思（Hans H. Frankel）的著作 The Flowering Plum and the Palace Lady，中文版书名翻译为《梅花与宫闱佳丽》，书名翻译同样值得学习。该书既然是讨论中国古代诗歌英译的著作，书名具有文学味儿就不足为奇了。the flowering plum 确立的是"梅树"意象而不是"梅花"意象，美女就是繁花盛开的梅树（独立而不依附，反映出作者的女性观）。至于 the palace lady 翻译成含义丰富而概括性很强的"宫闱佳丽"真是恰当，因为熟悉中国历史的读者都知道，古代宫廷里的女性有宫女，更有不同身份、地位、等级、功能的皇后嫔妃。

简·雅各布斯的城市研究经典著作《美国大城市的生与死》，该书英文版原名是 The Death and Life of Great American Cities。显然，"美国大城市"的英文是great American cities，同一个概念的中英文表述存在词序差异，定语与中心词的远近不一样。这种词语空间位置的不同反映了中文母语者与英文母语者对于城市根本属性（"大"和"美国"哪个是城市的根本属性）认知的根本不同，也反映出译者对于两种语言母语者民族思维差异的把握。

做好翻译工作，是社会空间结构和语言使用者内在心理活动多元共振的结果，译者既要熟悉原语和目的语文化，更要有强大的表达能力。

114 语篇的纹理

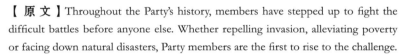

【原文】Throughout the Party's history, members have stepped up to fight the difficult battles before anyone else. Whether repelling invasion, alleviating poverty or facing down natural disasters, Party members are the first to rise to the challenge.

【译文】纵观党的历史，党员们先于其他人站出来进行艰苦的战斗。无论是抗击入侵、脱贫攻坚，还是应对自然灾害，党员都是最先挺身而出的。

【评注】

本例有两点值得学习。

一是介词的翻译法：介词与动词的转化。throughout the Party's history译为"纵观党的历史"，介词throughout翻译成动词"纵观"，发挥了中文的优势，英文的介词蕴含动作意义，译文还原了throughout的内在动作意蕴。

二是动词在具体与概括之间的呼应。repelling invasion, alleviating poverty和facing down natural disasters与rise to the challenge呼应，以the challenge（挑战）总结invasion（入侵）、poverty（贫困）和natural disasters（自然灾害）；以rise to概括repel、alleviate和face down等三个动词。此外，step up和rise也遥相呼应，其对应的译文"站出来"和"挺身而出"再现了原文逻辑勾连。"应对"译成结果动词to face something down ["（坚定地）降服、挫败"]，明确表示"应对"的深层含义——战胜自然灾害。这样具体与概括之间的呼应、近义词的照应，形成了句子、语篇的内在纹理，语篇逻辑秩序井然，为读者提供了充分理解语篇的背景信息，让言语交往活动有章可循。换言之，翻译就是译者帮助读者消除误解的过程，所以"信息交流的清晰度确实很重要”[1]。

115 译者是两面神雅努斯

【原文】在中国共产党百年华诞来临之际，中国共产党历史展览馆在北京正式开馆。中国共产党历史展览馆是一个全面展现党史的永久性展馆。

【译文】Ahead of the 100th anniversary of founding of the Communist Party of China (CPC), the Museum of the CPC has opened in Beijing. The museum is a site devoted to permanent and comprehensive exhibitions of the Party's history.

【评注】

　　"中国共产党历史展览馆"的翻译the Museum of the CPC值得品味、推荐。

　　从结构上看，"中国共产党历史展览馆"包括"范围（中国共产党）+类属/功能（历史展览馆）"两部分；the Museum of the CPC也体现了这两部分内容，但"历史"省略不译，中英文表面上不对称，译文不忠实，但实质上英译名呈现了原文的实质。再如：

杭州湾跨海大桥

Hangzhou Bay Bridge

　　"杭州湾跨海大桥"的结构：地理位置+类属。译文Hangzhou Bay Bridge符合专有名词简洁的命名要求。"跨海"省略不译，但译名简洁达意。简洁的措辞有利于记忆，有利于表达，适合道路交通的场景。

　　对于知名人士的人名翻译更要谨慎。人文主义地理学奠基人段义孚教授的名著《恋地情结》中译本（商务印书馆，2018年版）中有一段话对译者可算是反面经验：

　　"约瑟夫·尼达姆（Joseph Needham）认为他在中国的风景画里能找到大量的地质要素，象单斜、背斜、河流冲蚀谷地、海蚀谷地、U形冰蚀谷以及喀斯特地貌。"（第193页）

　　这里人名"约瑟夫·尼达姆"可算不上是恰当的翻译，因为该引语在该书当页的脚注是"Joseph Needham, *Science and Civilization in China* (Cambridge: Cambridge University Press, 1959), Ⅲ, pp.592-598."所以，Joseph Needham就

---

1 [加]卜正民：《纵乐的困惑：明代的商业与文化》，方骏、王秀丽、罗天佑译，广西师范大学出版社，2016，第37页。（Timothy Brook. *The Confusions of Pleasure: Commerce and Culture in Ming China*. Berkeley: University of California Press, 1998, p.37.）

是以其皇皇巨著《中国科学技术史》对现代中西文化交流影响深远的英国近代生物化学家、科学技术史专家李约瑟。Joseph Needham 的中文名字是"李约瑟"，而不是其他译法。"约瑟夫·尼达姆"的出现只能是误导读者，以为是别的什么人，这样的翻译也就失去传达信息、沟通不同文化的社会价值了。

这个翻译实例也提醒我们，译者的创造性和文化价值就体现在翻译过程中对于译文的斟酌、验证、鉴别过程上，而不只是词典的搬运工。仅仅从词典"搬运"信息任何人都能做到。历史上知名人士的人名翻译要尊重历史，通过名从主人的原则翻译来实现中外文化的沟通。否则，诸如把 Chiang Kai-shek 翻译成"常凯申"的译界笑话还会继续困扰、毒害读者。

刘震云长篇小说新作《一日三秋》（花城出版社，2021 年）封面上赫然印着该书的英文译名"Laughter and Tears"，书名揭示了小说人物有笑有泪的生活，画面感强烈。当我们在英文中提及该小说的时候，决不能自以为是地自行翻译，而需要查证准确信息，以"Laughter and Tears"作为《一日三秋》的书名，而不是其他别的说法。名从主人嘛。

译者是戴着镣铐跳舞，又好像罗马神话中的两面神雅努斯（Janus），拆除原文和译文这两种不同语言符号的藩篱，使得一个专有名词在译文受众和原文受众的思想中同时指向同一个指称对象，使得译文受众和原文受众通过相互沟通建立起联系和信任。这样，译者才能填平不同语言之间的鸿沟，在不同文化之间更有效地发挥中介沟通功能。

116　翻译建构信任

【原文】同时，中国人民也绝不允许任何外来势力欺负、压迫、奴役我们，谁妄想这样干，必将在 14 亿多中国人民用血肉筑成的钢铁长城面前碰得头破血流！[1]

【译文1】By the same token, Chinese people will never allow any foreign force to abuse, oppress, or subjugate us. Anyone who would attempt to do so will find themselves on a collision course with a great wall of steel forged by over 1.4 billion Chinese people.[2]

1　习近平：《习近平谈治国理政》（第四卷），外文出版社，2022，第 12 页。
2　习近平：《习近平谈治国理政》（第四卷：英文），英文翻译组译，外文出版社，2022，第 14 页。

【译文 2】China will not allow itself to be bullied, and anyone who tries will face "broken heads and bloodshed in front of the iron Great Wall of 1.4 billion Chinese people".　　　　　　　　　　　　　　　　　　（英国《卫报》译文）

【译文 3】Anyone who dares try to do that will have their heads bashed（猛击）bloody against the Great Wall of steel forged by over 1.4 billion Chinese people.　　　　　　　　　　　　　　　　　（《华盛顿邮报》译文）

【评注】

有人的地方就有江湖。齐美尔说："信赖是在社会之内的最重要的综合力量之一。没有人们相互间享有的普遍的信任，社会本身将瓦解。"[1]

用客观公正的英文报道中国的媒体记者扮演的角色实质上就是在中英语言、文化之间建构信任的译者。而译者就是在不同语言集团的读者之间建立起相互交往、相互沟通，直至相互信任。

1936 年，美国著名新闻记者埃德加·斯诺在战火纷飞中只身深入陕北，实地采访了英勇的中国共产党人和苏区人民，为英美报刊撰写了大量轰动一时的通讯报道，"向全世界澄清了关于红色中国的种种疑团，客观公正地传达了红色中国的声音"，后来汇集成书，名为 Red Star Over China[2]（《红星照耀中国》，曾译名《西行漫记》）。

可惜的是，英美的一些媒体，出于主观故意或者客观能力的原因，忽略了语言的隐喻性质，其英文报道/译文曲解、误解、歪曲了中国国家领导人的观点，瓦解了不同文化之间的信任。英国《卫报》与《华盛顿邮报》的译文给西方读者的错误印象是中国在施行暴力。

"14 亿多中国人民用血肉筑成的钢铁长城"还可以改译为 a great wall of strong will forged by over 1.4 billion Chinese people。其中 a great wall of strong will 是隐喻，a great wall 是喻体，strong will 是本体。下例中 an invisible bubble of space（无形但像气泡一样的空间）也采用了这种英语隐喻用法（an invisible bubble 是喻体，space 是本体）：

Each person has, around him or her, an invisible bubble of space which expands and contracts depending on a number of things: the relationship to the people nearby, the person's emotional state, cultural background, and the activity being performed. Few people are allowed to penetrate this bit of mobile territory even for a short period of time.

1　转引自郑也夫：《信任论》，中国广播电视出版社，2006，第 16 页。

2　[美]斯诺：《西行漫记：英汉对照》，董乐山译，外语教学与研究出版社，2005（2018 重印），出版前言。

每个人的周围都有个像气泡一样的无形空间，它的膨胀和收缩取决于许多因素：与周围人的关系、个人的情绪状态、文化背景和手头的事情。很少有人被允许进入这块流动的空间，哪怕是时间很短也不行。

117 译者的同理心

【原文】Her eyes followed him everywhere.

【译文】她一直注视着他。

【评注】

中文有一类句子多以表示人的名词作句子主语，以人为叙述、行为主体，反映了中国人以人为本的价值理念。英文很多句子习惯以事物为句子的主语，体现的是英语民族的理性思维。原文句子的主语her eyes只是人体的视觉器官，译文以适合中文读者的方式传达了原文意图表达的信息。更多的翻译例证会有助于说明这一问题。

My arms will hold you, keeping you safe and warm.

以我之臂，护你周全。

Confidence grows with success.

越成功越自信。

上面两个实例，原文均以事物名词做主语，my arms是人体的组成部分，confidence是人的心理动力，两句话的译文虽然是无主句，但是，中文读者都心知肚明，这两个中文句子的潜在主语分别是"我"和泛称主语"人"。知道这样的中英文句子差异，译者就有理据大胆往前走了。

"传播是对受众的传播，真正起决定性作用的不是主体的传播内容，而是受众对内容的理解。"[1]翻译能否取得好的传播效果，关键就在于"在乎"，在乎受众/读者的阅读需求和心理体验。译者在乎读者，就在于译者建立起与读者的"弱连接"，就是译者能够以读者的身份体察读者的需求与情感，判断自己的译文是否既能传达内容信息，又可以体现读者群体的思维习惯，并让读者产生愉悦的阅读体验。译者在乎读者，读者自然会成为译者的"死忠粉"，对译者充满信任、期待。所以，研究中、英文组词造句的语言原理是为了知己知彼，在跨文化沟通中以情动人、顺畅交流。

---

1 邹振东：《弱传播》，国家行政学院出版社，2018，第69页。

118 翻译的初心

【原文】中国共产党始终不忘初心、牢记使命。

【译文】The Communist Party of China remains true to its original aspirations and keep its mission firmly in mind and sight.

【评注】

"牢记使命"的英译 keep its mission firmly in mind and sight，加了 and sight，表达的不仅有"记住"（"牢记"的字面意义）之意，还有"实现（使命）"的意思，而"不忘初心、牢记使命"的真正内涵和实质就在于"实现使命"，绝不仅仅是头脑记忆思考活动，更是落实初心使命、践行思想理念的行动，非常贴近原文的意思。英文动词短语看似增加了原文没有的"视野所及之处"，实际上并非画蛇添足之举，联系现实思考会发现，中国共产党是非常注重理论联系实际的马克思主义政党，是以脚踏实地的奋斗干出事业来的政党，所以原文"牢记使命"的真实含义应该是"牢记并实践使命"，"牢记"此处既指"铭记、记住"，又包含了"实践、践行"的意思。

翻译是表达现实的理性社会交往行为，而绝不是孤芳自赏式的文字游戏。"牢记使命"的英译运用加词策略，形成 keep its mission firmly in mind 和 keep its mission firmly in sight，突破了字面忠实，实现了深层含义忠实、信息忠实，可谓奈达所倡导的"功能对等"，即翻译时不求文字表面的死板对应，而是把原文的深层含义化隐为显，在两种语言间达成功能的对等、一致。此外，mind 和 sight 以双元音 /aɪ/ 押韵，强化了语言的美学作用。鉴于语言的首要功能就是传达信息，通过以 keep its mission firmly in mind and sight 来翻译"牢记使命"，整个译文对于原文理解深刻，把文字翻译和现实"短兵相接"，以深层意义的表达实现翻译介入生活现实和历史潮流的目的，属于犀利可赞的翻译范例。

从特朗普到拜登，这两任美国总统连续在经贸、人文交流、军事等多领域对中国发起不公平、不正义的挑衅。2021 年 10 月 6 日，中国驻美国大使应邀在线出席"旅游和人文交流"主题论坛开幕式并发表主旨演讲，以图文并茂的方式和生动风趣的语言，结合当下中国流行的七个"热词"，向美国公众介绍了中国的最新发展情况和中国人的精神面貌。该论坛名称英文表述是 "US-China Regional Dialogue Series: Hospitality, Tourism and Cultural Exchange"，标题里的 hospitality、tourism 和 cultural exchange 虽然是名词，但是都包含了强烈的动词意味，言简意赅，把呼吁听众友善、旅游和交流的论坛主题表达得清清楚楚。一词一语总关情，翻译时刻要介入历史、服务现实、推动文化交流。

119 批判性思维

【原文】You have got to put the past behind you before you can move on.

【译文】不恋过往，砥砺前行。

【评注】

乍一看，译文和原文不搭调：原文是陈述句，译文是祈使句。但不能忘记，评判译文高下需要有立场，需要运用我们的批判性思维（critical thinking），就是对于现有的思考过程做出理性评估，以"考量我们自己（或者他人）的思维是否符合逻辑、是否符合好的标准"[1]，进而做出明智的决定，得出正确的结论。原文形式上是陈述句，"You have got to do something"句式构成的判断表达强烈的建议、劝告，带有祈使语气，与译文的祈使句语用功能是一致的。译文准确传达原文信息，实现了原文的语言交际功能。

具体实践中采用了"正反译法"，把肯定表达put the past behind you（把过往置于身后）用否定词"不恋既往"译出，整句译文先否定后肯定，形成先抑后扬的语势，译文给读者干脆利落、思维果断的语感。再者，译文跳脱了原文由连词before形成的主从复合句的形式限制，放弃"在……之前""然后"等关联词语，这种得"意"忘"形"的翻译策略为译文加了不少分，真有些钱锺书所言的翻译"化境"意味。

120 译者的能动性

【原文】For the Ningbo MHCRI analysis described in this report, local consultants rated Resilience Indicators based on their current understanding of conditions in Ningbo, Zhejiang, and China.

---

1 [美]布鲁克·诺艾尔·摩尔、理查德·帕克：《批判性思维》，朱素梅译，机械工业出版社，2015，第2页。

【译文】在本报告所描述的宁波多灾害城市风险指数（MHCRI）分析中，当地顾问根据他们目前对宁波市情、浙江省情和中国国情的了解，评估了城市韧性指标。

【评注】

译例出自世界银行的一份报告。原文结尾 conditions in Ningbo, Zhejiang, and China 一语三个地名的先后（线性）顺序是有讲究的，话题展现了从小到大的空间尺度，思路有章可循。在译文中以"宁波市情、浙江省情和中国国情"译出，conditions 依据应用场景而一词多义（译），这体现了译者硬核的能动性。如此增词译法让读者明白原文里存在从市、省到国家的地理范围上升这样一个逻辑，而且在译文中明确了这样的范围上升，译文的逻辑层次分明、显豁。地理范围由小到大的逻辑避免了无序带来的信息耗散，秩序感使得语言产生巨大力量。

Do not stand at my grave and weep. /I am not there. /I do not sleep.

请不要在我墓前哭泣 / 我不在那里 / 我不曾睡去

上引译例出自美国诗人 Mary Elizabeth Frye（1905—2004）的小诗 "Do Not Stand at My Grave and Weep"。《绝望主妇》第 4 季第 10 集，警探 McClusky 在撒 Ida 的骨灰之前也朗诵了这首诗，感人至深。[1] 本例原文中 at my grave 为何译成"在我的墓前"，而不是"在我的墓后""在我的墓边"或者其他方位？因为在社会价值上空间方位是不平等、不对称的，如"前"比"后"重要，"东"比"西"重要；汉语中有"城乡发展""城乡""住房和城乡建设部"等，而不是"乡城发展""乡城"，或者"住房和城乡建设部"，因为我们很长时间以来的主导价值观认为城市比乡村重要。

翻译并非仅仅是从一种文字符号的表层意义向另一种语言符号的表层意义转换的过程，而是不同社会价值在语言空间相遇、竞争，进而共处的过程。翻译之前，译者需要斟酌地理范围、社会空间等多重地理、文化因素，在译文可接受性上实现平衡，让原文和译文的信息尽可能接近，从而实现信息的完整表达。

121 字里有乾坤

【原文】And yellow leaves of autumn, which have no songs, flutter and fall there with a sigh.

1　参见 https://movie.douban.com/review/1332883/。

【译文】秋天的黄叶，它们没有什么可唱，只叹息一声，飞落在那里。

【评注】

泰戈尔的诗，冰心的译文，同样文学味儿十足，生动的画面，金黄的叶子引人怜爱，是人生的秋天。

一字、一词，情深深，意重重。which引导的从句译成谓语；which化身"它们"，句子的主语"秋天的黄叶"便成为"呼语"，成为抒怀的对象，口语中鲜有如此表述，诗句因而弥漫着文学味儿。 把with a sigh译成动词，短短的诗行在几个动词的点缀下，立体可感，画面生动。一个"只"字，不可缺少，也增加了诗句的文学韵味。诗句浅显，诗意盎然，离不开翻译这只看不见的手的轻轻拨弄。文学语言善于创新，其丰富的表现形式是文学乡愁魅力无限的一大原因。译途漫漫，不该忘记文学文本的挑战和魅力。

关于新闻报道我们有个通俗说法，消息越短，事儿越大。莎士比亚说"brevity is the soul of wit"（言贵简洁），强调语句要简短有力。下面这句话给听者以振作向上的力量，但主句只有两个词语"never frown"，观点明确、态度决绝；为了表达出原文果断的语气，译文采用了庄重的书面语"纵然"，以文学语言争取实现原文的劝服功能。

Never frown, even when you are sad, because you never know who is falling in love with your smile.

纵然伤心，也不要愁眉不展，因为你不知谁会爱上你的笑容。

下面译例的译文以中国文化流行不衰的一种书面语形式——对联——来实现原文箴言般的劝谕功能，其中"醒时"与"耽梦"表达了客观与主观的对照。"何必"句恰好呼应了原文why引导的反诘句所产生强烈的劝诫语气。

Why waste precious time dreaming when waking life is so much better.

人生之美醒时现，何必耽梦负韶华。

122　翻译向善

【原文】人活着最有趣的事，就是还能不断改变，还能看见自己慢慢变好。

【译文】The most interesting thing about being alive is that you still change and see yourself getting even better.

【评注】

喜欢这个译例是因为原文本身就很阳光很励志，有利于心理建设。毕竟，翻译不能仅仅停留在技术的层面；深究翻译的终极目的，还是更好地传达信息，从原语向译语传输信息，关涉的是人与人的对话和思想改变。只关注翻译技巧、策略之类的技术就像绣花枕头，好看但未必中用。

英文句子要求描述对象的指代要明确。译文增加了泛称的代词you以呼应中文里的泛称主语"人"，这是英文句子需要主语的缘故，you同时又是第二人称，就像面对面说话，可以拉近交流双方的心理距离，提高译文的传播效果。下例中，I译成中文的"你"，因为I和"你"都是泛指，而非特指某一个确定的个体，目的无非是适应译文读者的文化心理。

It's not who I am underneath but what I do that defines me.

定义你的，不是身份，而是行动。

123 你是谁？

【原文】You can never replace anyone because everyone is made of such beautiful specific details.

【译文】人皆美丽，无可代替。

【评注】

本译例最可以用来说明中英文形式差异——英文注重形式完整和语义关联，以形取胜；中文以义统形，形式统一性较弱，内容重于形式。原文主语you泛指任何人，而非确指第二人称的"你、你们"，you只是语法的需要。看到这一点，译者可以考虑用符合中文的句式翻译，译文主语可能会做出调整。经此理解阶段，可以看到译文没有显性的因果连词"因为（人皆美丽）"，省略了主语"人（无可代替）"，要理解其中的逻辑关系还真的要体会言外之意（read between the lines）。这句译文非常简洁明了，寓意深远。活到老，学到老（live and learn），下次遇到you开头的英文句子，未必就得"你你"不休地去理解。

下面两句话的主语是同样用法，译文除了you的灵活处理，译者可借鉴的亮点频频闪现：

You learn a language better if you visit the country where it is spoken.

如果到说某种语言的国家去，就会把这种语言学得更好。

It's a friendly place—people come up to you in the street and start talking.

这个地方的人很友好——在街上走着就有人上来跟你攀谈。

翻译理论家尤金·奈达曾经说过，翻译是人所能从事的最复杂的脑力活动。[1] 毕竟，翻译需要洞悉语言符号所反映的认知方式、文化以及思想性要素，翻译也将会带来对原来认知模式的突破以及由此可能建构新的知识体系与思想变动。

124 电影翻译

【原文】巩俐凭《红高粱》一鸣惊人，1992年的《秋菊打官司》夺意大利威尼斯影展影后，确立国际影坛地位。她也曾多度参与港片及好莱坞影片拍摄，包括获金像奖影后的《满城尽带黄金甲》等。

【译文】Gong rose to international fame for *Red Sorghum*, followed by *The Story of Qiu Ju*, which earned her Best Actress at the Venice Film Festival. She is also active in Hong Kong cinema and Hollywood, starring in *Curse of the Golden Flower*, which won her Best Actress at the Hong Kong Film Awards.

【评注】

漫步香港维多利亚湾，电影星光大道成为游客打卡必到的城市景观。这里的中英文双语标识给人深刻印象。本则实例是世界知名电影演员巩俐雕像的双语标识，给游学的译者提供了诸多启发。

电影翻译的通俗性离不开电影的商品属性。三教九流，电影观众面越广，商业价值越可观。电影文本的翻译尤其需要与翻译委托人（影片出品方）、译文受众产生共情，站在翻译委托人和观众的角度思考何种译文更加易于观众接受、更易于把影片利润最大化。

《满城尽带黄金甲》片名会让中文观众联想到唐代农民起义领袖黄巢的诗句："冲天香阵透长安，满城尽带黄金甲。"黄金甲喻指金黄的菊花，如果影片名称仅仅用"Chrysanthemum"（菊花）这个植物的学科名称"忠实"地译出，英文受众未必能像中文观众那样产生共鸣、联想，也足以让好多人感觉莫名其妙，违背了电影媒介的通俗性、大众性特征，谈何销路？以the Golden Flower对应"黄金甲"这个比喻，够通俗，接地气。英文片名"Curse of the Golden Flower"把人的行为（curse）和花卉（the golden flower）紧密联系在一起，已经制造了足够的噱头，广告意味儿十

1 Eugene A. Nida. *Signs, Sense, Translation*. Cape Town: Bible Society of South Africa, 1984, p.137.

足，真是符合电影营销传播的情境。作为文化商品，电影的跨文化传播和接受离不开电影翻译的通俗性特征的加持。

《秋菊打官司》的英译 *The Story of Qiu Ju* 通俗易懂，个体经历的故事最能打动人心、最具备传播力。片名往往具有广告的功能，需要命名者的深思熟虑。如果该片的片名出现了 lawsuit 之类的词语，大约会让潜在的观众误以为这是一部关于法律的影片，无形中会限制或者说缩小了观众范围，或者说会打消部分观众走近影片、走进影院观看的念头。

译文以"rise to international fame"（"获得国际声誉"之意）来翻译中文里的成语"一鸣惊人"，看似违背了"译文忠实于原文"的翻译伦理，实际上却反映了翻译是一种社会交往行为这一翻译本质。"Gong rose to international fame for *Red Sorghum*"是符合客观事实的。另外，从语言逻辑看，后半句的 followed by *The Story of Qiu Ju*, which earned her Best Actress at the Venice Film Festival 仍然围绕"rise to international fame"这一中心观点继续展开细节，强化了中心观点。言之有据是言之有物的前提。整个句子读起来言之凿凿，简练有力的双语宣传 / 广告语构成了城市品质的细密纹理，语言与城市文化环境互为表里，共生共荣。这也是语言和翻译魅力之所在。

125 翻译即对话

【原文】It's a full moon here tonight, which makes me think of you.

【译文】今夜的圆月，让我想起了你。

【评注】

今天是中秋节，看到关于月亮的句子不由得放慢了阅读速度。

"It's a full moon here tonight"是主句，是不动声色的客观描述（今夜，此地，月儿圆满），不足以打动人心。定语从句"which makes me think of you"诉说圆月之夜对言说者的心理触动，是环境给人的影响。主句、从句组合成一句话之后，主观、客观联动描述，情景交融，画面感十足，深深的情感从平实简洁的文字中汩汩而出。这样的句子，非常动人。

译文把主句简化成名词，把定语从句转化成中文的谓语。"今夜的圆月"是客观环境，谓语"让我想起了你"是环境影响人的思想。译文紧扣原文，充分传达了原文人地互动的信息。最值得咀嚼的是句子"It's a full moon here tonight"在译文中转化为名词。这一形式变化，需要知识，更需要情感和想象。再如：

You smiled and talked to me of nothing and I felt that for this I had been waiting long.

为了你对我随性的闲聊和笑语我可是苦等了多少的日夜啊。[1]

你随性的闲聊和瞎扯（sweet nothings）、不经意的一笑一颦，都会令恋人意乱神迷。You smiled and talked to me of nothing 这句话译成了名词"随性的闲聊和笑语"，通过加词，nothing 与 sweet nothing 的互文见义由隐含推到前景，明确为"随性的闲聊"。形式的转化，才使得译文摆脱了原文的制约并与原文形成平等的对话。

126 广告翻译欲罢不能

【原文】A diamond lasts forever. (DeBeers Diamond)

【译文】钻石恒久远，一颗永流传。（戴比尔斯钻石）

【评注】

"一名之立，旬月踟蹰。"（严复《天演论·译例言》）广告翻译过程虑心而又迷人，日常生活中千姿百态的广告给学习广告翻译带来了丰富的资源。

广告宜短而强。原文简洁而语气笃定，而百事长久又是人类追求不止且试图实现的内心渴望。译文高明，两个动词"恒久远""永流传"均源自 last forever，这一信息拆分的翻译技法成全了对仗文本。"钻石"既紧扣原文，又嵌入广告文案，和原文的 diamond 一样，点明了文本的主题和产品范围，从而整个文本/文案与广告、商务勾连起来。因为译文巧用中文的对仗修辞，如箴言般给读者心灵冲击。你不喜欢如此有趣、有料的翻译吗？

耐克公司的广告"Just do it."有人翻译为"尽管去做"，也有人翻译为"动起来！"译文高下，如何辨别？首先，广告的目的在于动员、激发消费者的购买欲，而不仅仅是"告知"，所以"尽管去做"不如"动起来！"适合广告语境。其次，"动起来！"既有"运动起来"又有"行动吧，买一件（双）耐克的衣服（鞋子）"之意，"do"和"动"两个词语各自的模糊语义特征形成了广告修辞的多义性，激发了读者的想象；词语的感召作用契合了广告场景。相反，"尽管去做"没有这么丰富的意蕴和感召功能，作为广告语，弱。因此，本条广告我们赞赏以感叹号结尾的"动起来！"

1　[印]泰戈尔著：《飞鸟集》（英汉对照），陆晋德译，译林出版社，2011，第24页。

中文翻译。

第三条广告：

Good to the last drop. (Maxwell House Coffee)

滴滴香浓，意犹未尽。（麦斯威尔咖啡）

评：原文是省略句（It is）good to the last drop，显然是评价句式，但也包含了客观信息 to the last drop。

译文先叙（客观信息）后议（主观感受），尽显原文的信息。Good 既表示产品客观的特点，显示广告的展示、告知功能，又有啜饮后的品味（感召、吸引功能），所以 good 在译文中就分解成了"香浓"和"意犹未尽"两个信息点。叠音词和汉语成语叠用，口语化的措辞，整则广告译文寥寥 8 个字，却回味悠长，沁人心脾。"广告效果优先"应该是广告翻译的首要原则。

127 你激活动词了吗？

【原文】They rushed her to hospital where doctors delivered her baby.

【译文】他们急速将她送到医院，让医生给她接生。

【评注】

1）where 引导的定语从句译成了目的状语从句。原文长长的句子翻译成中文，表现为两个较为短小的分句组成的一句话，符合中文使用习惯。

2）动词 rush 本身就含有动作的性状等局部特点，可以入微地描述动作细节。英文不乏这一类动词，值得译者学习借鉴，让译文更加生动地道，让自己的翻译工作更好地服务社会需要。用对动词，句子就灵气四溢，一语胜千言。举例如下：

Even as she said it, Tony felt the unnatural cold begin to steal over the street.

她话音没落，托尼就感到一股不同寻常的寒意从街上袭来。

The party was so packed with people that I had to elbow my way just to get to the bathroom!

聚会上人太多了，我得挤过去才能上厕所。

They tiptoed around the subject of her poor health.

他们小心翼翼地回避她身体不好的话题。

128 翻译压缩心理距离

【原文】15 年来，中国和东盟开展全方位、多层次、宽领域合作，将"2+7合作框架"升级为"3+X 合作框架"，取得了丰富的成果。中国与东盟关系实现了从量的积累到质的飞跃。[1]

【译文】Over the 15 years, we have engaged in all-round, multi-tiered and wide-ranging cooperation which has delivered bountiful outcomes. We have upgraded the 2+7 cooperation framework to the 3+X framework, and achieved a leap in our ties from quantity to quality.[2]

【评注】

这里有两点值得学习。其一，原文出自 2018 年 11 月 14 日李克强总理在第 21 次中国—东盟领导人会议上的讲话，"中国"一词在译文中依照英文语用习惯用第一人称代词"we"，旨在缩短与听话人的心理距离，传播效果必须考虑。

再如下例中的"人"（泛指名词）翻译成 we 和 us（第一人称，指称更加明确）同样是出于考虑译文传播效果的目的。

人不负青山，青山定不负人。

If we do not fail Nature, Nature shall never fail us.

其二，原文两句话含四个信息点（15 年来中国和东盟开展合作；中国和东盟合作框架升级；中国和东盟的合作成果丰富；中国与东盟关系从量变实现了质变），译文进行了语序调整和信息整合之后形成的逻辑关系是：第一句整体评价，第二句以细节支撑第一句评价；译文完整呈现了原文的所有信息。通过两句话中相同的主语 we，译文实现了语篇的内在连贯，符合译文读者的阅读习惯而具有极好的可读性。

这次以充满希望的翻译实例结束学习：

With every sun comes a new day. A new beginning.

每每旭日东升，都是崭新的开始。

---

1 《李克强在第 21 次中国—东盟领导人会议上的讲话》（中英双语全文），2018-11-16，https://language.chinadaily.com.cn/a/201811/16/WS5bee5c7ba310eff3032892ae.html，2021-11-16。

2 《李克强在第 21 次中国—东盟领导人会议上的讲话》（中英双语全文），2018-11-16，https://language.chinadaily.com.cn/a/201811/16/WS5bee5c7ba310eff3032892ae.html，2021-11-16。

129 背叛有理

【**原文**】 *The World Trade Report 2018* looks at how digital technologies are transforming global commerce today, and at their implications in the years to come.

【**译文 1**】《2018 年世界贸易报告》探讨了数字技术如何改变着当今的全球商业，以及它们在未来几年的影响。

【**译文 2**】《2018 年世界贸易报告》的主题是当今数字技术如何在改变全球商业，以及技术在未来几年所产生的影响。

【**评注**】

翻译界有译者是叛徒的说法，应该是对翻译本质的深刻理解。换言之，翻译时能否跳脱原文形式上的限制，这考验译者功力。译文 1 "背叛"的是 look at 的字面意义 "看"，而引申为 "研究、探讨、考虑"，柯林斯英语词典对 look at 的释义是："If you look at a subject, problem, or situation, you think about it or study it, so that you know all about it and can perhaps consider what should be done in relation to it." （考虑；研究）对比原文，译文 2 主语是 "主题"，谓语变成了 "是"，中英文各有各的语法规则，译文不用原文的主语是符合实际情形的。这些都是形式上对于原文的背叛，译者既需要突破自己的心理障碍，更要有足够的理由说服自己为何这样翻译。翻译中形式上的改变都要有理据可循，绝不是兴之所至的率性而为。

译文形式上对原文适度的背叛又会对译文阅读效果产生影响。译文 1 对于 their implications 没有做出改变，代词 their 依然译成 "它们（在未来几年）的影响"，中文读者需要付出更多的认知努力才会明白 "它们的" 具体指称是啥。而译文 2 则把 their 还原为 "技术（在未来几年）所产生的影响"，又增加了定语 "所产生的"，意义表达得很充分、很明了，是翻译中的佳作，因为英文喜爱使用代词，而中文往往重复同一个名词。比较之下，译文 2 更加出色，读起来不费劲儿。

译文突破原文形式的限制是翻译的常态。用事实说话，再看两个译例：

A. Installation and yearly maintenance are not covered under warranty.

保修范围不含安装和年度保养。

产品说明书用语，被动句转化为主动句，符合汉语的特性。Under warranty 由状语译成主语，译文脱胎换骨。

B. Twice a week it will make the skin even, white and elastic.

每周使用两次，肌肤柔滑、嫩白、富有弹性。

原文是主从复合句，twice a week 是省略的条件句。译文为何变换主语？根本原则就是原文和译文的信息焦点一致，换句话说，译文要忠实于原文的信息。这是产品说明书翻译的关键衡量尺度。因为是化妆品说明书，词语意义做了适当的调适。如：

white：白→嫩白；even：（=smooth and flat）平滑→柔滑

译文增加了"使用"。加上这个动词之后，原文的逻辑关系才得到了清晰呈现。

130 看清原文的元宇宙

【原文】本产品的特色在于设计新颖、质量上乘。

【译文】The product features novel design and excellent quality.

【评注】

1）feature = to include a particular person or thing as a special feature 以…为特色

The latest model features alloy wheels and an electronic alarm.

最新款式的特色是合金车轮和电子报警器。

2）对比原文和译文，译文的主语、谓语都发生了变化（译文的谓语动词=feature），但原文的信息在译文里保留得完好无损。这种（形式）变化而（信息）保留往往是翻译的核心，更是译者值得学习的技能。又如下面的实例：

In the end, it's not the years in your life that count. It's the life in your years.

到头来，你活了多少岁不算什么，重要的是，你是如何度过这些岁月的。

原文里强调句出现两次形成对比，表达作者对于生活要有所为的强调。第二句通过省略的手段避免了重复 It is... that... 这个句式。

译文采取合并句子的译法，以"重要的是"引领后半句，并且把 the life 转化成动词"如何度过"，实现了原文不重复同一个句式的目的。同样一个 years 译成了"岁"和"岁月"，因地制宜，因语境灵活措辞，译文忠实但不教条，灵活却紧扣原文。

3）"设计新颖"和"质量上乘"在译文里仍然作宾语，但各自内部的语序发生了变化（novel design、excellent quality），小句转化成了名词短语。这是一种有意识的变化、调整，体现了译者的创造性。

4）整句话运用了褒义评价词。这也是产品说明书的特色——潜在的广告功能。

131 现实是翻译的根本逻辑

【原文】I think our love can do anything we want it to.

【译文】我们的爱无所不能。

【评注】

翻译当然要注意译文是否得体，语言的适切性不可不察。"I think our love can do anything we want it to"表明只是说话人的个人看法。原文如果删除I think，当然也不能说完全不可接受的，但是I think一语使话语语气柔和下来；去掉I think的话，"Our love can do anything we want it to"则是对于our love的属性判断，语气决断不容置疑，不太谦逊的表达令听话人产生压迫感，违背了语言交际的同情准则。

同理，to some / a large / a certain degree, in the circumstances of 一类的模糊措辞限定了言语的条件，因而使得话语表达留有余地或者避免绝对结论，更贴近事实，从而听上去谦逊、得体，这是语言礼貌原则的体现。翻译除了依据译入语语法，更需要注重语用原则，让译文言简义丰，得体宜人，在译文读者心中回荡不绝。

These statements are, to some degree, all correct.

这些陈述在某种程度上都正确。

Recent opinion polls show that 60 percent favour abortion under certain circumstances.

最近的民意调查显示60%的人赞同特定情况下的流产。

有时原文的词语通过语序调整在译文里才能发挥应有的作用，让译文恰当得体。如：

Her voice shook, and her face was white with anger.

她气得声音颤抖，脸色发白。

翻译就要和现实结合起来，才能把语言符号的社会价值体现出来。这是翻译遵循的逻辑。虽然with anger是was white的原因状语，但是译成英文就得放在"声音发抖"和"脸色发白"之前，才是对现实的客观反映，才算是说话得体。

132 场景决定传播方式

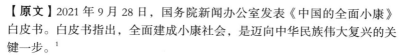

【原文】2021 年 9 月 28 日，国务院新闻办公室发表《中国的全面小康》白皮书。白皮书指出，全面建成小康社会，是迈向中华民族伟大复兴的关键一步。[1]

【译文】China's State Council Information Office issued a white paper on Sept 28 of 2021, to document the country's journey to moderate prosperity in all respects, or Xiaokang. The white paper, titled "China's Epic Journey from Poverty to Prosperity", said the realization of moderate prosperity in all respects, as declared in July, marks a critical step towards national rejuvenation for the country.[2]

【评注】

中国日报网真是翻译学习的天堂，无论新词热词、社会进步、时代节奏，这里都有，翻译资源包罗万象，只待有心人入山挖宝。中国人民在中国共产党的领导下实现了全面建成小康社会的百年目标，"全面小康"霸占了媒体的头条。"全面小康"一词在中国日报网 2021 年 09 月 30 日的若干译法在语篇中使用灵活，亦有规律可循，简单归纳，有用有趣。

1)《中国的全面小康》白皮书书名中"全面小康"是 China's Epic Journey from Poverty to Prosperity，把中国人民脱贫奔向富裕的经历比喻为史诗般的旅途，因为要向世界说明当代中国的历史发展，讲述我们中国的奋斗、向善的故事，也反映出我们对自己事业和成就的自豪、自信。

书名、标题的翻译有必要突出标题的呼唤功能、广告功能，和正文翻译还是有所区别的。比如，国务院新闻办公室 2021 年 8 月 12 日发表《全面建成小康社会：中国人权事业发展的光辉篇章》白皮书，英文书名是 "Moderate Prosperity in All Respects: Another Milestone Achieved in China's Human Rights"，中文的"篇章"，英文书名以 milestone 对应，milestone 本义是道路的"里程碑"（a stone by the side of a road that shows how far it is to the next town and to other places）在英文中常用来喻指重要事件、重要阶段、转折点、里程碑（a very important stage or event in the development of something）。

1 "每日一词｜中国的全面小康 China's Epic Journey from Poverty to Prosperity"，2021-09-30, https://cn.chinadaily.com.cn/a/202109/30/WS61557c94a3107be4979f0d7e.html, 2022-10-22.

2 "每日一词｜中国的全面小康 China's Epic Journey from Poverty to Prosperity"，2021-09-30, https://cn.chinadaily.com.cn/a/202109/30/WS61557c94a3107be4979f0d7e.html, 2022-10-22.

2）"全面建成小康社会"是 the realization of moderate prosperity in all respects, or Xiaokang，此处"小康社会"理解为"小康（状态）"，所以是 moderate prosperity in all respects，并且用汉语拼音 Xiaokang 加以解释——汉语拼音词进入英文也并不新鲜，许多外媒直接采用"Xiaokang"这个拼音来报道中国，越来越多的外国人士在学习中文、在英文中夹杂汉语拼音词来表达中国的事物。这种双语混杂、加词的办法不失为一种对外讲述中国的好办法，兼顾了原语文化、彰显自我与译入语文化中的读者的需求。

3）2021 年 7 月 1 日，习近平在庆祝中国共产党成立 100 周年大会上的重要讲话中说：

在这里，我代表党和人民庄严宣告，经过全党全国各族人民持续奋斗，我们实现了第一个百年奋斗目标，在中华大地上全面建成了小康社会，历史性地解决了绝对贫困问题，正在意气风发向着全面建成社会主义现代化强国的第二个百年奋斗目标迈进。[1]

官方译文中"（建成）小康社会"的英文译文是（building）a moderately prosperous society in all respects：

On this special occasion, it is my honor to declare on behalf of the Party and the people that through the continued efforts of the whole Party and the entire nation, we have realized the First Centenary Goal of building a moderately prosperous society in all respects. This means that we have brought about a historic resolution to the problem of absolute poverty in China, and we are now marching in confident strides towards the Second Centenary Goal of building China into a great modern socialist country in all respects.[2]

中国日报网中还有"全面建成小康社会"的别样译文，如，achieve moderate prosperity in all respects throughout the country。每一种译文都各有特色、各具其美。

同一个词语处在不同的语境位置，就会承担不同的语用功能，翻译自然有必要体现词语的这种功能变化。就像"小康社会"一样，同一个概念，换了场合就要运用不同的词语来表达，可谓条条道路通罗马。同中有异的语词，体现的是交际者的多元视角和灵活的变通能力。

---

1 习近平：《习近平谈治国理政》（第四卷），外文出版社，2022，第 3 页。
2 习近平：《习近平谈治国理政》（第四卷：英文），英文翻译组译，外文出版社，2022，第 3 页。

133 翻译团结世界

【原文】 United in translation

【译文】 翻译团结世界

【评注】

9月30日是一年一度的国际翻译日，国际翻译家联盟（International Federation of Translators；Federation International des Traducteurs，简称FIT）将2021年的国际翻译日主题定为"United in translation"。

"译·世界"微信公众号2021年9月30日的文章《9·30国际翻译日快乐！今年的主题如何翻译？》就2021年国际翻译日主题"United in translation"如何翻译成英文下了英雄帖。截至当年10月7日，该主题文章共有58条留言，其中为"United in translation"提供了中译文且收到超过10次点赞的留言共计9条。网友@跪着也要去上海抱Troye的帖子："中文版的'团结译心'眼前一亮"，最受认可，收到96次点赞，译文显然是"团结译心"。译文"全世界翻译者们，联合起来！"则是由写进《共产党宣言》的社会主义运动的著名口号"全世界无产者们，联合起来！"改造而来的。有些留言纯属文字游戏，比如@Yaatimer的译文"译建联"；网友@Zhang Wei的译文"译结天下"原文理解正确，但是译文无法再现原文作为国际翻译日主题的召唤功能，功亏一篑。

笔者以为，2021年的国际翻译日主题"United in translation"可以翻译成"翻译团结世界"。理由如下：

国际翻译日主题"United in translation"虽然短小，但是作为有特定目的的文本，具备公示语属性，文体正式、简洁、易于记诵，承载着号召、动员世界各国译界同侪以翻译为中心、为全球团结抗疫出力的功能，显示了翻译对于社会的现实建构作用。该主题的汉语译文既要体现前述公示语特点，还得传达出国际翻译日主题口号的感召功能。

"United in translation" 中译文统计

译者	译文	点赞数	点评	
			译文特点	译文相似性
跪着也要去上海抱 Troye	团结译心	96	强调了翻译行为的目的,而非原文的目的	不考虑译文的文本功能;没有译出原文的该有信息;忽视了从译文读者视角考量译文的质量
不困	全世界翻译者们,联合起来!	46	强调了翻译行为的目的,而非原文的目的;united 是原文语义重心,指翻译的社会目的	
Tluck	山川译域 日月同天	29	陈述句语气,偏离了(We should make the world)united in translation 的号召意图	
Merry	"译"路同行	26	"同行"非 united;译文聚焦译者的翻译行为方式"同行"	
Jacy Xiong	团聚"译"堂	21	信息焦点偏离原文,错过了国际翻译日主题口号的语用功能	
丸子董	同心共译	18	翻译是手段,团结才是目的。译文没有译出原文的信息。	
小宝	译世界,心连心	16	应用翻译重在写实而非表情。"心连心"属于超额翻译	
Tluck	国有界 译无疆	12	超额翻译,却无法准确呈现原文信息	
Snowing	我们在"译"起	11	原文的号召功能体现不足,是欠额翻译	

134 翻译文化

【原文】When a person really desires something, all the universe conspires to help that person to realize his dream.

【译文】你若真心渴望,整个宇宙都会帮忙。

【评注】

翻译时译者必须读到原文的言外之意才能忠实传达原文的信息。原文中的 a person 泛指"任何人",译成"你"就是泛称代词,用"你"多了一点儿对面交流的意思,听上去更加好接受。that person 特指前面提及的 a person，译文省略该词，遵守了汉语的语用习惯。

译文以"帮忙"结束，照例省略了"realize his dream""（帮忙）实现他的梦想"，符合汉语少用关联词，注重意念表达的构句特点。

conspire to do something本义是"〔不好的事件〕凑在一起，共同导致"（if events conspire to do something, they happen at the same time and make something bad happen），句中侧重"（不知不觉中）协力、合力"之意，而非"不好的事件"。从句的动词desire something，主句以名词his dream照应、复述。

下例中conspire译成了"加上"，与and叠加在一起，不可多得的巧合。原文conspire的完成时态译文中处理为"毁了"了，由助词"了"字完成。

Pollution and neglect have conspired to ruin the city.

污染加上疏于管理毁了这座城市。

2021年9月27日特斯拉首席执行官（CEO）埃隆·马斯克以2034亿美元身家成为世界首富，目前位居福布斯富豪榜榜首。外国媒体的新闻报道称：

Elon Musk eclipses $200 billion to become the richest person in the world

埃隆·马斯克身价突破2000亿美元成为世界上最富有的人。

这里的动词eclipse意思是比喻"像日（月）食一样"使失色；使相形见绌；使丧失重要性"（to make sb/sth seem dull or unimportant by comparison），与outshine、overshadow是近义词。该用法之所以生动、有个性，给人印象深刻，其原因在于eclipse此处的含义是"月食"的派生意义，能调动读者的想象力，令人联想到月亮发生月食时的景象。再如：

Though a talented player, he was completely eclipsed by his brother.

他虽是一个天才的运动员，但与他的兄弟相比就黯然失色了。

中英文是两种并立于世的语言，各有各的语言规范来表达世界。翻译所采取的任何理念和具体的翻译策略都是为了译文像译文、译入语摆脱原语语法的挟制，都是为了用译入语——不同于原语的一套语言符号——准确表达原文信息，有效沟通不同文化背景的人。

135 美好语言生活

【原文】On any given day, 2.5 billion people use Unilever products to feel good, look good and get more out of life—giving us a unique opportunity to build a brighter future.

【译文】每天都有25亿人使用联合利华的产品。联合利华的优质产品和服务，让人心情愉悦，神采焕发，享受更加美好的生活。我们一直致力于创造更美好的未来。

【评注】

即使是简约平实的企业介绍材料也会有动人的语句。原文to feel good, look good and get more out of life三个动词形成并列结构，feel good和look good互相映照，第三个动词放弃good而突破读者（受众）的惯性思维，让读者产生了新的心理期待；get more out of life让读者发现生活中更多的美好意义，巧妙地把联合利华公司与生活方式、人生意义联系起来，语义模糊的get和more两个词语也激发了读者的联想。

非文学文体的语篇同样具有审美价值和力量。非文学语篇的美主要在于形式美，包括逻辑美、层次美、简洁美、平实美等。

当代社会生活中非文学题材的语篇是主流文本。译者、读者有过上美好语言生活的需求和权利，译者有责任在日常的文本翻译中发现美、传播美，把非文学题材语篇的多元美学价值努力在译文中传达出来，以满足读者的阅读需求，才算得上是工作称职。

136 翻译中国

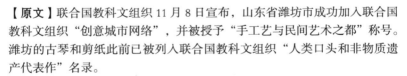

【原文】联合国教科文组织11月8日宣布，山东省潍坊市成功加入联合国教科文组织"创意城市网络"，并被授予"手工艺与民间艺术之都"称号。潍坊的古琴和剪纸此前已被列入联合国教科文组织"人类口头和非物质遗产代表作"名录。

【译文】Weifang, Shandong Province, has been added to UNESCO's Creative Cities Network as a Crafts and Folk Arts City, UNESCO said on Nov 8. Weifang currently has *guqin* (a traditional Chinese stringed musical instrument) with its music and paper-cutting listed as masterpieces of Oral and Intangible Heritage of Humanity by UNESCO.

【评注】

除了翻译世界，翻译中国是中国翻译界当下又一项主要任务。用英语翻译中国的人情事理，讲述中国故事，就需要用英语读者听得懂的方式客观地表达。

"手工艺与民间艺术之都"之"手工艺"其实是"手工艺品"，在此语境中以 crafts 翻译"手工艺"实在是翻译原文的深层信息而非停留在"手工艺"的表层字面意义。同样，原文的"古琴"不仅仅指古琴这种乐器，而且包含古琴这种音乐形式，所以译文中用乐器名与该乐器演奏的音乐"with its music"来翻译"古琴"一词："guqin (a traditional Chinese stringed musical instrument) with its music"才是对该句中"古琴"一词的完整准确翻译。其中乐器"古琴"是中国独有的传统弦乐器，乐器名称用中文的汉语拼音（guqin）并用英文夹注（a traditional Chinese stringed musical instrument）进一步解释，体现中国的文化主体性，也考虑到译文的可理解性（comprehensibility）与传播效果，是对读者友好（reader-friendly）的译文。这样翻译也体现了跨文化交流中的文化平等。

可见，翻译的表层价值和意义在于使转换的词语在音、形、意等方面与原文表层贴近，翻译的社会文化价值却体现在其知识建构作用，即经由翻译所引介的表达方式、知识形态以及思想性内容促使译入语社会的认知模式和知识谱系发生变化、扩展。[1] 如"古琴"的汉语拼音 guqin 与英文释义（a traditional Chinese stringed musical instrument）连用既保留了译文传播的主体性，也为英语世界注入新的文化信息。同样，中文里的"人类口头和非物质遗产"也是来自英文的 Oral and Intangible Heritage of Humanity。翻译是译者和读者"双向奔赴"的互动的文化交流行为。

137 传播效果是翻译评价的尺度

【原文】忠言逆耳。

【译文】

Advice is seldom welcome.

Faithful/ Honest/ Frank words grate upon the ear.

Sincere advice jars on the ears.

Earnest words offend the ear.

Advice when most needed is least heeded.

Honest advice may be most unpleasant to hear.

The truth is hard to hear.

---

1 王晓路：《论翻译的历史文化功能：认知模式与知识谱系》，《外语教学与研究》2021 年第 2 期，第 263—272，320 页。

Unpalatable advice benefits conduct.

Good advice may be harsh to the ear.

【评注】

西谚云，条条道路通罗马（All roads lead to Rome）。不同的视角往往可以实现同样或者类似的语言效果。表达视角的变换能够给译者启发思维、提供思路，于翻译思路"山重水复疑无路"之际抵达"柳暗花明又一村"的境界。

传播效果是翻译评价的客观尺度。同样一句话，译法很多，不能简单粗暴地断定哪一种译法的优劣。只有在特定的语境、情境中才有某一种说法是否合适的问题。读者的年龄、职业、教育程度，说话人的身份、性格，还有语言使用的特定时空因素都会影响到语言的使用。译文达到传播的预期效果就是合格的。

138 翻译的整体思维

【原文】In me the tiger sniffs the rose.

【译文】心有猛虎，细嗅蔷薇。（余光中译）

【评注】

原文出自英国诗人西格里夫·萨松（Siegfried Sassoon）代表作《于我，过去，现在以及未来》（In me, Past, Present, Future Meet）。诗人以老虎和蔷薇两个鲜明对立的意象让读者体会到对立与和谐兼具的人性，也体会到爱能建构和平的温柔又强大的力量。

对仗的文字，文白相间，余光中先生的译文不可谓不雅致。因为对仗，上下联各有一个动词；原文的介词短语 in me 转化成了"心有"。从整体思维出发，我们看到介词短语 in me 是指"内心里"，如果剥离了上下文语境，in me 还有其他不同的含义。只有译者从读者的角度出发解读原文，才消除了 in me 的歧义。in me 在原文是位于句首的，因而具有语序所产生的"权重"——强调功能。事实上，通过对仗修辞，译文尽量再现原文语义的强调语气。译文的优点是充分利用译文的对仗特征而满足了译文读者语言审美和接受心理。传播的使用与满足理论（Uses and Gratifications theory）早已证实了如此译文的良好效果。

再看一则同样是整体思维指导下语言对比产生话语力量的翻译实例。

Courage is what it takes to stand up and speak; courage is also what it takes to sit down and listen.

能站起来侃侃而谈是勇气。能坐下来静静倾听也是勇气。

speak 是"说",译成"侃侃而谈",listen 是"听"的意思,但是译成了"静静倾听",不是过度翻译,也不是无中生有,而是运用整体思维对于全句的动态考察而做出的决断。其一,原文两个分句通过动词形成对比;其二,词语总是与背后的文化携手而行的。英语文化中,倾听对方说话是礼貌的社交行为,是常态。speak 和 listen 互为语境,整体互动,宏观文化和即时行为互相勾连,发表观点和倾听他人都是大方得体的。

139 翻译激发读者审美情志

【原文】Strive not to be a success, but rather to be of value.

【译文】不要努力去做一个成功的人,而应该努力去做一个有价值的人。

【评注】

对比是一种非常有力量的语言表达方式,对比表达出强烈的语义,让事物结构、事理逻辑、是非曲直均能非常鲜活地呈现出来。原文里 to be...结构同中有异,名词 a success 和具有形容词属性的介词结构 of value 置于 to be...结构中进行对照。"文似看山不喜平"。规律、整饬中的变化让话语于平常中见创意,受众因心理期待遭遇挑战和起伏而印象深刻。再如:

Don't cry because it's over, smile because it happened.

不要因为结束而哭泣,微笑吧,至少你曾经拥有过。

(形式上,don't cry 和 smile 是肯定与否定之间的对比,because it's over 与 because it happened 中动词形式 be over 和 happen 形成对比;内容上 cry 和 smile 产生对比,was over 和 happened 产生对比。)

Life is 10 percent what you make it, and 90 percent how you take it.

生活的百分之十在于你如何塑造它,有百分之九十在于你如何对待它。

(这一句中 make 和 take 因韵脚产生的语音对比,what you make it 和 how you take it 不同连词引导的相似句式形成的形式对比。听觉和视觉双重效应使得原文能够在读者头脑里产生愉悦的审美享受。)

无论原文、译文,各自都有表达音美、形美、意美的手段。翻译中,译文未必能够或需要原封不动地挪用原文的美学手段。通过译入语自身丰富的美学手段,译文同样可以尽量再现原文的美学意涵、激发读者审美情志。

140 译文读者的心理期待

【原文】中国高度重视发展数字经济，在创新、协调、绿色、开放、共享的新发展理念指引下，中国正积极推进数字产业化、产业数字化，引导数字经济和实体经济深度融合，推动经济高质量发展。

【译文】China has paid close attention to the development of the digital economy. Guided by the new development philosophy of innovative, coordinated, green, open and inclusive development, the country has accelerated digital industrialization and industry digitalization, and pushed forward the deep integration of the digital economy and real economy to promote high-quality economic development.

【评注】

中译英首先面对的是句子里的动词处理问题。原句包含了4个动词，"高度重视""积极推进""引导"和"推动"。英文句子里的动词则处于不同逻辑层次上："中国高度重视发展数字经济"是总体概括，"在创新、协调、绿色、开放、共享的新发展理念指引下，中国正积极推进数字产业化、产业数字化，引导数字经济和实体经济深度融合"是具体做法，呼应了前一句总体概括的观点，"推动经济高质量发展"是实践的目标，处理成动词不定式作目的状语。

翻译是以写作能力为基础的跨文化传播实践。或者说，翻译是写作行为，是双语双文化写作行为。尤金·奈达说："Expert translators are not only multilingual, but also multicultural."[1]（专业译者不仅需掌握多种语言，也要熟稔多种文化。）从语篇层次看，本则译例的英译文首句是主题句，简短扼要，第二句是围绕主题展开的细节说明，成为长句。整个译文语篇重心在段首，是典型的英文说理模式。从细节上看，"高度（重视）"用 close，而非 high 或别的词；"经济高质量发展"是 high-quality economic development，其中 economic 和 high-quality 的语序不同于中文，如此调整符合英语母语者的社会认知。译文在语言和文化两个层次均符合译入语读者的文化心理模式，满足了读者的心理期待。

1　Eugene A. Nida. *Toward a Science of Translating*. Shanghai: Shanghai Foreign Language Education Press, 2001, p.ix.

141 传播效果

【原文】 It's no use crying over spilt milk.

【译文】 木已成舟，哭也无用。

【评注】

英国翻译家彼得·纽马克提出的交际翻译观把翻译视为"在某个社会情境中发生的交际过程"[1]，实质上是把译文读者作为言语交际者也纳入考虑，强调译文所可以产生的传播效果。本则译例的具体做法是：

1）形式的改变。spilt milk 是名词，意即"打翻的牛奶"，名词短语；译文"木已成舟"是主谓结构，表示事件。译文形式上的改变，往往是读者对照理解原文和译文时的困惑所在，值得学习。语法改变，但是语义可以在译文中继续保留下来。

2）译文用译入语文化中熟悉的意象传达原文的意思。英国畜牧业发达，milk 是常见的产品和食物，spilt milk 喻指已经发生的不愉快事情，译成受农业文明影响深远的中国读者所熟悉的"树木、木头"，"木已成舟"。比较另外几个译文，可以理解得更深刻些：

A. As the saying goes — it's no use crying over spilt milk.

常言道：覆水难收，后悔也于事无补。（《牛津高阶英汉双解词典》第8版，2017）

B. It's no use crying over spilt milk.

为无可挽回的事而忧伤是没什么用的。（《新英汉大辞典》第2版，2014）

C. It's no use crying over spilt milk.

为无可挽回的事后悔无益。（《新牛津英汉双解大词典》，2007）

D. It's no use crying over spilt milk.

事情过去了，后悔也没用。

---

1 Basil Hatim & Ian Mason. *Discourse and the Translator*. Shanghai: Shanghai Foreign Language Education Press, 2001, p.3.

142 翻译省力原则

【原文】This was the socio-political landscape and cultural climate in which the Grenadian revolution was fertilized and nourished.

【译文】是当时的社会政治环境和文化气候孕育和滋养了格林纳达革命。

【评注】

语言经济原则认为，用最少量的语言来表达最大量的信息，省力是语言使用背后的根本哲学。翻译省力原则主张通过删减冗余、简化结构、隐性表达等方式提升翻译效率，其理论基础源于Zipf提出的"最省力原则"（Principle of Least Effort）。这里依据原文的语序把定语从句仍然放在被修饰词语的后面，译文不改变原文句子的语序，译者省力，译文简明易读。从语法上看，原文的定语在译文里处理成了和中心词"社会政治环境和文化气候"的并列小句，原文的语法在译文中"零落成泥碾作尘"，只有语义信息"香如故"。再如：

【原文1】It was obvious that they had made a mistake.

【译文1】很明显，是他们错了。

【评注1】原文使用it作为形式主语，主语从句that they had made a mistake置于句末。译文没有改变原文的语序，把主语从句仍然置于译文的句末。译者省力，读者也省力。

【原文2】You cannot build a ship if you don't know how to make a design.

【译文2】不会制图就不可能造船。

【评注2】表示泛指的代词you在中文语境下冗余，直接省略后不影响表意，且符合汉语使用无主句的语言习惯。译文刻意省略原文中连词if的对应汉语词语"如果"，减少语法结构的机械对应。消除歧义、消除误解，是译者的本职工作。

【原文3】The direction of a force can be represented by an arrow.

【译文3】力的方向可用箭头表示。

【评注3】英语被动语态结构be represented中文通过主动结构隐含，通过语序表达动作，省译后更符合汉语表达习惯。

【原文4】There were howls of protest from the insurance industry when the European Court of Justice ruled on March 1 that a person's sex should not be used to set insurance policies.

【译文4】保险业发出了强烈的抗议，因为欧洲法院（European Court

of Justice）于 3 月 1 日裁定，一个人的性别不应被用来制定保险单。

【评注 4】

原文可以翻译成"3 月 1 日，欧洲法院（European Court of Justice）裁定，一个人的性别不应被用来制定保险单，这引发了保险业的强烈抗议"；但译文 4 反其道而行之，把 when 引导的时间状语从句处理成"因为"引导的原因状语从句，这样翻译的好处是译者省力——因为译文没有改变原文里主句与从句的先后次序，还不容易遗漏原文的信息。

省力原则并非简单删减，而是通过语义整合（如冗余合并）、逻辑内化（如介词省略）、文化适配（如隐喻转换）等方式，实现信息传递效率与目标语言习惯的平衡。翻译实践中需结合文本类型（如科技、外宣、文学）灵活调整策略。省力原则实质上体现了译者对原文理解有意识的关键性干预和复杂的思维过程。

143 翻译的视角

【原文】学无止境。

【译文 1】There is always something more to learn.

【译文 2】Never too old to learn.

【译文 3】Knowledge is boundless.

【译文 4】Live and learn.

【译文 5】Growing Up or growing old?

【评注】

"忠实"原则是翻译的首要原则、首要条件。如果译文不忠实于原文的信息内容而自说自话，那么就无所谓翻译不翻译了。在忠实传达原文信息的前提下，不同的翻译视角、翻译需求会产生不同形式的译文。开动脑筋寻找恰当的译文视角，对于译者做好翻译工作是有益无害的。"学无止境"这句话的几种译文就是如此。

译文 1 "There is always something more to learn." 是从学问本身的数量审视的（想学的东西总是有）。如春节祝福语"新的一年，祝你笑口常开，幸福常在。/ May your new year be filled with abundance of smiles and happiness."其中也有翻译视角的转换：两个"常"字表示"频度"，转化成英文的 abundance，表示的是"数量"。

译文 2 "Never too old to learn." 是从学习者（听话人、读者）入手考

虑的，如果要翻译成句子的话，可以视情况加上合适的主语之类的句子成分，如 We are never too old to learn 等等。

译文 3 "Knowledge is boundless." 则运用了隐喻，把学问看成"无边无际的"（boundless）地理区域。

译文 4 "Live and learn" 用来表示说话人的意外、惊讶，也可以用来劝勉听话人应勤于学习。

因为"变老"在英语文化中引发的是令人不快的体验，老年人竟有 senior citizen 之谓，所以译文 5 "Growing Up or growing old?"（字面意义："你在成长还是老去？"）表达很是婉转，并由一对表示对比的词语 growing up 和 growing old 引发联想，曲径通幽：growing up 意味着成长，成长意味着学习新知；growing old 意味着走下坡路、放弃了学习，放弃了对世界的进一步了解，这是常见的老年状态。

每一种译文都是针对特定的对象而运用不同的修辞手段、不同的看待世界的视角，语言形式有所改变而意义不变，围绕原文的信息进行沟通工作。当然，语言形式在特定条件下也可以算是语言信息的一部分，译文究竟采用何种译法，还有其他外在因素的限制，不钻牛角尖方能游刃有余。

144 译者的社会视角

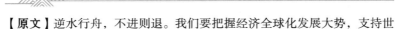

【原文】逆水行舟，不进则退。我们要把握经济全球化发展大势，支持世界各国扩大开放，反对单边主义、保护主义，推动人类走向更加美好的未来。[1]

【译文】For a boat to sail upstream, it must forge ahead; otherwise the current will drive it backward. We must have an accurate perspective of the trends in economic globalization, and support countries around the world in opening up wider while rejecting unilateralism and protectionism. This is vital if we are to take humanity to a better future.[2]

【评注】

原文出自 2021 年 11 月 4 日习近平在第四届中国国际进口博览会开幕式上的主旨演讲。

翻译是一种社会交往行为。译文不能停留在语言表层意义，而应该理

1　习近平：《习近平谈治国理政》（第四卷），外文出版社，2022，第 236 页。

2　习近平：《习近平谈治国理政》（第四卷：英文），英文翻译组译，外文出版社，2022，第 271 页。

解和表达原文所传递的实际社会文化信息。

译文通过拆分信息的办法，用三句话翻译了原文信息：首句是比喻，自成一句；第二句讲中国的具体态度和做法，由己及人，先做好自己的事情，再把眼光投向世界；首句与第二句体现了中国人以比兴手法叙事的思维逻辑；第三句译文概括了中国的作为所具有的宏阔意义，"推动人类走向更加美好的未来"。采取信息拆分的译法，是因为中英两种语言的表达形式不同，避免了跨语言翻译中的信息耗散或者扭曲，目的是让译文能够达到原文那样的传播效果。

细节上看，"把握经济全球化发展大势"在此句中应该指的是这个事情都势在必行，所以"把握"不仅仅是字面的"grasp、understand"（获取知识、理解），更是深层意义 seize、take the lead of（一种行动的结果）。有所作为才是中国所关注的，知行合一是根本理念。"把握经济全球化发展大势"，应翻译出其中的深层意义：have an accurate perspective of the trends in economic globalization。

译者要关注社会现实，关注社会的变化和社会需求，从社会的视角观察、反思译文优劣的主要尺度就是现实逻辑。脱离现实的译文就是文字游戏而已。如：

原文1：Mother's love is peace. It need not be acquired, it need not be deserved.

译文1：母爱如和平，不需主动获取，也无须辩驳是否值得。

译文2：母爱是静谧的，不需主动争取，也无须辩驳是否值得。

译文1看似忠实原文，实则不符合现实逻辑，因为其中所隐含的"和平不需主动争取"是违背实际情况的。"和平"（peace）是需要全世界努力争取才能得到、实现的。事实上，原文1的第二句清楚地解释了第一句的含义。事实上，母爱往往是无私的，并不需要孩子索取，也不需要与人计较。所以译文2把peace引申之后译为"静谧的"，体现出母爱的美好特征，合情合理，译文就明白晓畅了。

145 语篇的认知模式

【原文】The presence of a distribution center (DC) allows a supply chain to achieve economies of scale for inbound transportation to a point close to the final destination because each supplier sends a large shipment to the DC containing products for all stores the DC serves.

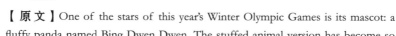

【译文1】设立一个配送中心，一个供应链就能够向接近最终目的地的配送点运输货物，从而实现规模经济，因为每个供应商还会向该配送中心发送大量货物，再由配送中心供应所有商店。

【译文2】每个供应商都会向配送中心发送大量货物，配送中心贮存其所服务的所有商店出售的货品，并将入站货物运送到靠近最终目的地的地方。所以，设置配送中心使供应链能够实现规模经济。

【评注】

　　原文开门见山地陈述该语篇的核心观点：设置配送中心有利于供应链实现规模经济；然后分析其中原因。这样的逻辑体现了英语句子往往语义重心在前的特点。译文1基本完整地表达了原文包含的语义信息，但是仍有缺陷：句子（语篇）的开头与结尾都是论证观点的具体细节，而核心观点夹杂在细节的中间。译文1需要读者付出额外的认知努力才能辨别语篇的核心观点。

　　汉语句子往往遵循"水到渠成"的因果逻辑，先提供细节，最后推出主要观点，令人信服。所以译文2调整了信息的先后位置，把主要观点放在译文句子的结尾位置，以观照汉语读者的写作习惯和阅读心理，更好地实现跨语言跨文化传播。

146 世界的"冰墩墩"

【原文】One of the stars of this year's Winter Olympic Games is its mascot: a fluffy panda named Bing Dwen Dwen. The stuffed animal version has become so sought after that people are camping overnight to buy it.

【译文】今年冬奥会的明星之一是冬奥吉祥物冰墩墩，一只毛茸茸的熊猫。冰墩墩非常抢手，人们甚至连夜露营等着购买。

【评注】

　　冰墩墩（英文：Bing Dwen Dwen，汉语拼音：bīng dūn dūn），是2022年北京冬季奥运会的吉祥物，将熊猫形象与富有超能量的冰晶外壳相结合，头部外壳造型取自冰雪运动头盔，装饰彩色光环，整体形象酷似航天员。雪容融（英文名字：Shuey Rhon Rhon，汉语拼音：xuě róng róng）是2022年北京冬季残疾人奥林匹克运动会的吉祥物。

　　"冰墩墩"跟"雪容融"的英文并不是像2008年北京奥运会的吉祥物一样，直接使用的拼音，而是使用了更易于老外发音的拼写方式：Bing

Dwen Dwen 和 Shuey Rhon Rhon。"Bing"的意思是冰，也象征着纯洁和力量，"Dwen Dwen"代表孩子。吉祥物体现了运动员的力量和毅力，有助于弘扬奥林匹克精神。

如果完全按照汉语拼音方案来"强传播"，也无不可，但是传播效果如何就不好说了。现在为了取得更好的传播效果，考虑北京冬奥会吉祥物的英文名字，在汉语和英语之间进行了双向妥协，又保留了汉语拼音的一些特征，又去掉了汉语拼音的声调，对英语读者来说既有熟悉感，又有些陌生感、新奇感，这样的命名符合认知心理过程。

以译文的适度异质性传播了中国文化，又以译文的适度同一性有利于交际——翻译的目的不就是让来自不同语言文化的人消除误会而顺利沟通吗？

147 译文要符合现实逻辑

【原文】Success is going from failure to failure without loss of enthusiasm.

【译文1】成功就是从失败走向失败而不失去热情。

【译文2】成功就是历经失败但不失去热情才取得的。

【评注】

几个常用翻译软件给出的译文几乎都是译文1。很遗憾，字面很"忠实"于原文，可是原文的底层逻辑和真实含义却给扭曲了。成功（success）一定是目标实现了的现实，而不仅仅是屡败屡战的行动。

译文2更准确，译文1的逻辑似乎是"成功＝失败"，看似忠实于原文，实则过于纠结于原文的外在形式。译文2增加了"才取得的"，表明成功是要经过失败挫折而依然执着努力之后才会实现，讲清楚了取得成功的原理和过程，令人振奋、给人希望。所以，翻译之后，译者有责任认真校对译文的深层逻辑是否真实反映现实世界。译例中增加"才取得的"之后，译文的逻辑顿时显豁，客观呈现了原文真正要传达的信息。

148 翻译过程中的守与变

【原文】What lies behind us and what lies before us are tiny matters compared to what lies within us.

【译文】已成过往与将要面对之事，较之深埋于我们内心的，皆为微末。

【评注】

翻译过程中的守与变是译者时常要权衡的，只是为了让译文既能给读者带来足够的信息，读起来又自然顺畅。

对比是阐释事理最为有效的办法。what lies...us 这一结构在原文里出现了3次，对照表意的目的不言而喻，其中介词的更换形成了原文对比说理的逻辑力量。三个介词 behind、before 和 within 均是表示地点的，可是 what lies behind us 与 what lies before us 却由表示空间转向表示时间，而 what lies within us 由表示空间转向表示抽象的思想、想法。时空交错，具象与抽象映照。三个 what lies...us 结构是隐喻，主句的结构 what lies behind us and what lies before us are tiny matters 也是隐喻，四个隐喻也是话语表达有力的原因之一。

what lies behind us（过往的事）和 what lies before us（未来要面对的事）合并用一个"（之）事"译出，而 what lies within us 却用汉语的"的"字结构表达，没有重复"事"字，抽象的"细微小事"（tiny matters）译成具象的"微末"，符合汉语读者的思维。译文处理相似结构的词语没有按照字面直译，因而语言不呆板，反而显得思维灵动，加之文白相间，语气庄重，陈述真诚，像原文一样语重心长。

149 译文像话吗？

【原文】I should say so. She's a match for the old lady. She wasn't going to give in.

【译文】可不是嘛，老太太遇上硬茬了，人家可倔得很。

【评注】

本则译例有两点值得回味。

1）She's a match for the old lady. "老太太遇上硬茬了。"其中 be match for 有"棋逢对手""不分高下"的意思，"遇上硬茬"和后面的"倔得很"都是寻常百姓的口头禅，口语体措辞的语气适合小说叙述的场景。

2）She wasn't going to give in. "人家可倔得很。"同时还是正说反译，是切换肯定－否定翻译视角的思路：原文是肯定表述，译文借用否定词表达与原文切近的意思，地道的口语用于讲故事刻画现实的文章体裁再适合不过了。下面两个句子言简意赅的译文措辞口语化，关联词"隐身"，这样的译文不正是发挥中文语言特点的难得佳作吗？

While the blanket is short, learn how to bend.

毯子不够长的时候，要学会弯腿。

Seize today, or you will lose tomorrow.

抓住今天，才能不丢失明天。

150 翻译的首要社会功用

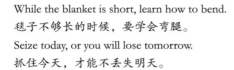

【原文】True love is like a fine wine, the older the better.

【译文】真爱似美酒，愈久愈醇。

【评注】

中英文各美其美，因为各有不同的文化传统和语言习惯。"fine" "better"分别译成"美"和"醇"；"older"是"久"，而非"老"。词语依据各自述说的对象、语境而有具体不同的意义。贴合汉语的说法才是好译文，悦己悦人。

翻译是"以译文读者为中心"的社会交往行为。白居易在《与元九书》中提出："文章合为时而著，歌诗合为事而作。"在白居易心目中，诗歌的社会功用是经国济世、造福人民。事实上，翻译存在的首要价值同样在于其社会功用，在于沟通为不同语言文化障碍所阻隔的两个语言社团。

翻译如何实现社会功能？可以通过不同的维度在译文上体现出来。译文如果符合译文语言习惯，就可以实现社会功能。如：

When you let go of the past, something better comes along.

放手过去，未来会更美好。

译文充分再现了原文对生活把握十足的语气：原文的 the past 与主句中 something better（in future）对照，译文用"过去"和"未来"明确表示这种逻辑；译文的条件句"放手过去"（省略了主语和连词）指向主观行为，主句"未来会更美好"叙述可能的结果，把原文的肯定语气表达得充分、足额。

译文信息来自原文并满足译文读者的信息需求就实现了社会功用。请看：

Success is going from failure to failure without loss of enthusiasm.

成功就是虽历经失败但热情依旧炽烈才取得的。

这里，译文增加的词"才取得的"是原文所蕴含的信息，表明成功是要经过失败挫折而依然执着努力之后才取得的。如果不增补这四个字的话，译文变成"成功就是虽历经失败但热情依旧炽烈"（其潜在逻辑就是"成功是不断失败"），反而没有忠实于原文，也就会误导读者。

151 性别歧视

【原文】All the world's a stage, / And all men and women merely players. / They have their exits and entrances; / And one man in his time plays many parts.

【译文】大千世界是个舞台，所有的男男女女不外是戏子，各有登场和退场。每个人一生中扮演着好些个角色。

【评注】

原文是大文豪莎士比亚的戏剧《皆大欢喜》（*As You Like It*）中的诗句，因此one man和his都泛指男女，而不只是男性。译者对此要有时代意识和性别观念，在译文中注意恰当表达，以避免不该有的负面传播后果。one man是"一个人"，in his time是"一生中"，都避免了性别歧视这一政治不正确的陷阱。对于时间中积淀、传承下来的谚语、俗语的翻译尤其要谨慎翻译，毕竟我们所处的时代已经认为性别歧视是政治不正确的做法。翻译中的性别歧视既是语言问题，也是社会问题的镜像。通过译者反思和文化批判，可逐步消除隐性偏见，推动更平等的语言表达。下面译例的原文以man和him泛指他人，无论男女；译文就得关注当代文化语境下性别观念对于语言使用的影响：

If a man deceives me once, shame on him; If twice, shame on me.

人欺我一次，此人可耻；人欺我两次，我可耻。

152 语篇的衔接

【原文】《论语》一书是中国古代文化的经典著作。在孔子以后几千年的中国历史上，没有哪一位思想家、文学家、政治家不受《论语》这本书的影响。不研究《论语》，就不能真正把握中国几千年的传统文化，也不能深刻理解古代中国人内在的心境。

【译文】An enduring classic of Chinese culture, The Analects has influenced all thinkers, writers and politicians in the over 2000-year-long history of China after Confucius. No scholar could truly understand this long-standing culture or the inner world of the ancient Chinese without this book.

【评注】

本则译例给译者带来多重启发，耐人寻味。相较于原文，译文发生一些形式上的变化、调整是必然的，毕竟英汉两种语言隶属于不同的语系，体现的思维模式各不相同。

原文三句话，译文压缩成两句话构成完整语篇。译文将原文前两句话压缩成一句话，原文第一句话"《论语》一书是中国古代文化的经典著作"浓缩为该句译文主语 The Analects 的同位语，强调 The Analects 的文化价值。

原文第二句话是条件复句，条件句和主句都没有主语，是无主句，但其对应的译文按照英语的语法增加了主语 no scholar，符合英语陈述句必须有主语的"硬性规定"。这样的增词译法有何内在理据呢？看得出，从研习《论语》这件事上，no scholar 大致上是前一句中 all thinkers, writers and politicians 这个短语的另一种说法。"《论语》"一词本句译为"this book"，不重复前一句的 The Analects，但是通过代词上下文前后照应。"（如果）不研究《论语》"化作一个介词短语 without this book，介词 without 暗含了动作意义，也符合英文的语法规范。

"几千年"译文是怎么表达的？分别译成了 over 2000-year-long 和 long-standing，前者较具体，后者较概括，让译文在词汇变化中尽量凸显原文的丰富含义。从语篇连贯的角度看，over 2000-year-long、long-standing 这两个词语还和第一句中的 enduring（经久不衰的、历久弥坚的）遥相呼应，浑然一体，译文没有多余的词语。

由此我们看到了译文与原文采用不同主语的内在逻辑，就是打造一个语言自然又富有条理的段落（a natural and well-knit paragraph）。

153 生活常识不可违

【原文】 十年树木，百年树人。

【译文】 It takes ten years to grow trees, but even longer time to foster people.

【评注】

"十年树木，百年树人。"几本常用的英汉词典提供的译文均"忠实"地译出了"百年"的表层意思，却忽略了上下文语境和生活常识。

It takes ten years to grow trees, but a hundred to cultivate people. (《汉英翻

译大词典》）

It takes ten years to grow trees, but a hundred for qualified personnel to mature.（《新世纪汉英大词典》）

译文不仅语言形式表层上要忠实于原文，更重要的是要忠实呈现原文信息内容。换言之，译文不仅要符合语言形式逻辑，更要符合经验逻辑、生活逻辑。

又如，国际知名人本主义哲学家和精神分析心理学家埃里希·弗洛姆（Erich Fromm）在《爱的艺术》（*The Art of Love*）一书中说到"Mother's love is peace. It need not be acquired, it need not be deserved."此语在坊间广泛流传的译文是："母爱是和平，不需要去赢得它，也无须辩驳是否值得。"细一想，却违背了基本的现实逻辑：和平是自发实现的吗？其一，peace不应理解为"和平"，和平不是自然出现的，而是经过人为努力才可能实现的。其二，peace是应该理解为"宁静的、静谧的"，第二句话解释了mother's love is peace的含义：母爱不需要孩子拼命争取，也不期望得到报答。"peace"这里是用来描述母爱的品质的。应该说，"mother's love is peace."想说的意思是"母爱宁静平和"。

154 信息焦点

【原文】5月25日，国务院办公厅印发的《深化医药卫生体制改革2022年重点工作任务》提出，要加快构建有序的就医和诊疗新格局，发挥国家医学中心、国家区域医疗中心的引领辐射作用，发挥省级高水平医院的辐射带动作用，增强市县级医院服务能力，提升基层医疗卫生服务水平。[1]

【译文】China has listed key tasks for further reform of the medical and health care system in 2022, according to a notice released by the General Office of the State Council on May 25. To speed up fostering a new and orderly medical service and treatment pattern, national medical centers and high-ranking hospitals at the provincial level will take the lead and play exemplary roles, and service capabilities of hospitals at municipal and county levels and services at primary levels will be

---

1 "每日一词｜医药卫生体制改革 reform of the medical and health care system"，2022-05-27，https://cn.chinadaily.com.cn/a/202205/27/WS6290931aa3101c3ee7ad794a.html，2023-04-22.

improved, according to the document.[1]

【评注】

译文增加了一句主题句，为的是提纲挈领，以适合英文读者的阅读习惯，因为原文包含的细节实在太多了。所以，首句话的主语处理为China。

主语"国务院办公厅"在译文里处理为"China"为何是忠实的翻译？何为忠实？译文忠实的目的何在？

主题句国务院办公厅的行为代表的是中国。英译文的信息焦点在动词上，如果以国务院的英文译出来会干扰译文读者的注意力。所以，以China翻译"国务院办公厅"貌似背叛了原文，实则从传播的角度看，如此译法是有利于读者理解所阅读的译文，有利于提高译文传播效果。出于同样的考虑，原文的"5月25日"在译文里则是"in 2022"，对于外国读者来说，这里讲清楚年份更重要。这体现了把翻译视作社会交往行为的观念，是操作性很强的翻译策略。

《习近平谈治国理政》（第二卷）目录分为十七个专题，每个专题有一个主（标）题，每个专题包含了若干文章。专题的中文都是动词短语，英译文都是（动）名词词组，很简短。比如，第一个专题的标题是"一、坚持和发展中国特色社会主义，实现中华民族伟大复兴的中国梦"，用了两行；该标题的英译文只用了一行，"Socialism with Chinese Characteristics and the Chinese Dream"，译出了重点"中国特色社会主义"和"中国梦"，外国读者一眼就看清楚了目录的主要内容，明白该专题所包含的几篇文章都是围绕这一主题的。译文突出了原文的重点信息，考虑的是外国读者怎么接受。译文既对中文负责，又考虑翻译效果、传播效果，达到这个效果就够了。译文突出原文的焦点信息体现了译者的创造性。

155 印刷错误谁负责？

简单说，翻译实践分四步走：理解、表达、重组、校对。译者是原文文本的第一读者，理解原文表层意义和深层意义，是完成译者职责的第一步。第二步，依据原文用译语表达原文意义。第三步是重组译文的字句结构，因为译者总会受到原文的语言结构影响，初步的译文读起来不自然、不顺口。经第三步后，译文要尽量像母语写作一样流畅自然，符合译入语

1　"每日一词｜医药卫生体制改革 reform of the medical and health care system"，2022-05-27，https://cn.chinadaily.com.cn/a/202205/27/WS6290931aa3101c3ee7ad794a.html，2023-04-22.

的语法语用习惯，易于译文读者阅读理解。第四个环节校对译文，尤其不可忽视。校对译文如由第三方完成会更好，毕竟旁观者清、当局者迷嘛。译者往往会因为受到思维定势的限制而看不出翻译存在的问题。

下面以具体翻译例证说明。

有一本由英文翻译成中文的社会学著作《神圣的欢爱：性、神话与女性肉体的政治学》，是国家级的学术机构组织翻译的。该书英文版权页上，作者姓名下一行所列书名却是"Scared Pleasure: Sex, Myth, and the Politics of the Body"。经查证，其中的scared（惊恐的、担心的）本该是sacred（神圣的、不容侵犯的）。属于英语使用中的spoonerism（首音误置现象），也是校对不慎导致的天大翻译笑话。英文是字母文字，单词内的字母顺序会影响到词语的异同、正误。要知道，这样的错误会影响到读者对一本书的信心和情感，因为"情感是媒介，也是能量"[1]。

《神圣的欢爱：性、神话与女性肉体的政治学》书影

156 翻译编（解）码需要考虑文化情境

【原文】As we express our gratitude, we must never forget that the highest appreciation is not to utter words, but to live by them.

【译文】我们表示感激之时，永远不能忘记最高的致意并非口头言辞，而是身体力行。

1 邹振东：《弱传播：舆论世界的哲学》，国家行政学院出版社，2018，第187页。

【评注】

翻译是一种沟通方式。理解原文语言时，译者的大脑不仅仅是简单地认知词句，更是探索、理解另一种语言所承载的新文化、新秩序，这是反复加密、解码的信息交换过程。中英文的编码与解码方式不同，都与各自特定的社会实践过程中形成的意义空间密切相关。

本例中声韵节奏在译文中起着重要作用，翻译这个解码—重新编码过程就需要尽量再现原文的信息，而非相反。原文有 not...but... 这个对比句式，译文以"并非……，而是……"这个句式体现这一层意义。同时，"口头言辞"和"身体力行"两个词语各有四个相同的音节，构成和谐的音韵节奏，强化了译文的对比意义；如果译成"我们表示感激之时，永远不能忘记最高的致意不是说出来，而是身体力行"的话，"说出来"和"身体力行"的音韵节奏不平衡、不对称，会降低读者产生的情感共鸣，大大减损了"并非……，而是……"句式对比说理的意图。请看：

Good habits formed at youth make all the difference.

青年时期养成的良好习惯使人终身受益。

原文中以 -th 结尾的名词 youth，指代"青年时代"；all the 放在 difference 前面用以表达强调。译文增加"终身"，把原文 at youth 与隐含的（all one's life）对比信息明确地译出来，是把原文的内隐信息重新编码、再现、外化，是师出有名，而不是任性之举，译文因此读来节奏沉稳、语气通顺。再看《朗文当代高级英语辞典》的一则译例：

We exchanged civilities when we were neighbors, but nothing more.

我们以前做邻居的时候最多也只是客气地打个招呼。

这里"exchanged civilities"讲的是外国的事（"寒暄""打招呼"），译成通俗易懂的本土概念"客气地打个招呼"，反映的是中文读者的思维、中文的文化特质。"but nothing more"这个分句用"最多"一个词表达出来，再简洁不过了。"when we were neighbors"动词的时态很重要，没有翻成"当我们是邻居的时候"，为译者点赞，因为"一日做邻居，永远是邻居"的事实改变不了。译文反映原语所承载的文化情境，但用译文读者习惯的言语表达出来，读起来语言流畅，没有隔膜感。

换言之，通过翻译，"文化在吸收与互鉴中，要有自己的底线与原则，前提是要保持自身文化的特质、基本精神及核心价值。"[1]

1　贾文山：《在交流互鉴中扩大文化"朋友圈"》，《人民论坛》2017年第16期，第134-135页。

157 关系彰显词语的意义

【原文】Of all sad words of tongue or pen, the saddest are these, "It might have been."

【译文】所有无奈的语句中，最令人悲伤的是："若能重来就好了！"

【评注】

平凡语词在相互关联中"来电"（chemistry），显出神奇的魅力，所以语言才是人类精神家园的外化。

你可以套用现成的说法，"语境很重要""没有上下文，就没有文字（No context, no word）"，等等。但是我说，语境之所以能对语言发挥作用，是因为语词彼此发生了关联，意思就不平凡了。团结就是力量，不仅仅是说人与人的合作的。

tongue 和 pen 本来不是反义词，但在本句中接在 words 后面，表示人类两种相对的表达方式，"口语"和"书面语"，能令人联想到栩栩如生的社会场景。

译文把 all sad words of tongue or pen 处理成了"无奈的语句"，也是词语关联造成的效果。"无奈"是观照了原文"It might have been."这句话之后的译者选择，属于原文的言外之意；"语句"则来自"words of tongue or pen"，概括了"口舌"和"笔墨"两种交流方式。

还有，"It might have been."的译文"'若能重来就好了！'"之所以运用了感叹号，就是要表达出"无奈"的语气。所以，整个译文是语气贯通的，读起来一气呵成，明白晓畅。

语词的关联构成了语境，并在关联中互荣共生。语境的价值源于语词的关联。关系创造价值。关系之网形成了"意义之网"。在关系网络中，词语显现出各自"在场"的意义，语言才显现出自身的创造性来。

158 跳跃的翻译思维

【原文】Every leaf speaks bliss to me, fluttering from the autumn tree.

【译文】每一片飘落的秋叶，都在向我诉说着狂喜。

【评注】

本例原文出自英国作家艾米莉·勃朗特（Emily Bronte）的诗歌"Fall, Leaves, Fall"，抒发了诗人由秋景感兴而发的思绪，画面感十足，由客观景物到主观心绪的天人互动才是诗句感人的根本原因。由此，fluttering from the autumn tree就化作leaf的定语，描述作者眼中的风景。fluttering译成了"飘落的"，the autumn tree的含义尽在"秋叶"中，此语不见"树"字，颇有中国画留白手法营造的意味，这种翻译手段足够读者（译者）久久品啜。speaks bliss to me就译成后半句主观表达"向我诉说着狂喜"，作者体味到的树的生命力和情感也就是作者的生命力和情感。翻译能跳脱原文的窠臼而呈现由外向内的主客观互动过程，谁能想到译者其中的绵绵功力从何而来？

159 翻译行为的三个层面

【原文】 She recalled the murder of a ten-year-old girl in Chicago. Carol, who was ten herself at the time, got out all her dolls to comfort herself, because she was coming to the age when she had to present a hard shell to the world and so could not talk to anyone about her fear.

【译文】 卡罗尔回忆起在芝加哥有一个十岁女孩被谋杀的事。卡罗尔当时也只有十岁，她把所有的娃娃都拿出来安慰自己，因为到了这个年龄她得向世界展示坚强的外表，不能向任何人诉说自己心里的恐惧。

【评注】

翻译行为包含三个层面：本能层面、行为层面和反思层面。本能层面注重语言的审美功能，比如语法、文化，还有押韵、排比、设问等语言形式特征，让人在视觉、听觉等感官上获得愉悦感，就是提升人的感官享受；行为层面注重译文的使用功能，让读者在功能上获得主要信息，以及其他美学等辅助功能；反思层面注重原文与译文的对等价值，让翻译有社会意义，不同的使用场景会需要不同的译文形式，产生不同的传播效果和文化感受。反思层面还是译者形成理性思维、自我评价译文质量进而提升翻译能力的过程。

从本能层面看，"She recalled the murder of a ten-year-old girl in Chicago."本该翻译成"她回忆起在芝加哥有一个十岁女孩被谋杀的事"，she按照字面"忠实"翻译成"她"。从行为层面看，...coming to the age when she had to present a hard shell to the world and so could not talk to anyone about her fear 本该依照原文的语法关系翻译成"……到了这个年龄她得向世界展示坚强的外表，所以不能向任何人诉说自己心里的恐惧"。原文的逻辑关系都体现出来。

到了翻译行为的第三个层面，经过反思，我们知道，中文的逻辑关系不必时时处处使用显性的关联词语来体现。译文省略了"所以"；原文的隐喻 the hard shell 也需要根据中文读者的理解习惯做适当的调适，给出该词语的本义，以实现较好的传播效果。经过反思的翻译才会更加可靠、达意，其实现跨文化交流的可能性才会更大。

160 翻译事关文化安全

【原文】"十四五"规划 (2021—2025) 和 2035 年远景目标表明了中国进一步扩大开放的决心，有效加强了全球经贸合作，促进了联合创新，加快了先进技术的创新和应用。

【译文】The 14th Five-Year Plan (2021–2025) and the Long-Range Objectives Through the Year 2035 have demonstrated China's determination to further expand the opening-up, which has already effectively strengthened global economic and trade cooperation, promoted joint innovation, and accelerated the innovation and application of advanced technologies.

【评注】

"改革开放"是中国的一项基本国策。"开放"只能是 opening up，不能是其他词，英语词典里有一个容易与之混淆的词语 open-door policy（门户开放政策）。翻译工作者要有政治觉悟和国家意识，对于英语词典和媒体上的词汇要有鉴别能力，不然就会陷入语言的陷阱。对于中国的改革开放，西方不少媒体仍然有意无意地使用 open-door policy（门户开放政策）言说，误导世界视听。这是需要我们高度警惕的。

放大视野，翻译的文字在跨文化时空中旅行、传播，而翻译传播又涉及语言和信息传播安全问题，事关国家文化安全。

"文化安全关注的是本国的传统文化和价值观不受外来文化的侵害。"[1] 保障文化安全，从而保障本土文化的话语权与文化自信自强。国际文化交

---

1 何镇飚：《媒介安全论》，中国传媒大学出版社，2009，第 71 页。

往中，一厢情愿的友好和交流都是不可持续的。发达国家的文化霸权对于其他国家的文化发展构成了威胁，虽然这是潜移默化的过程，但却可以影响到国家安全。

文化安全以中华文化为本位，博采众长，继承弘扬中华优秀传统文化。中华传统文化、基本价值观、传统美德、物质和非物质文化遗产等方面都需要翻译工作者的关注。如果一味使用英文现有的概念来表述中国文化特有的概念，就会在跨文化交流中削弱、抹杀中国文化在世界文化中的能见度，导致"中国文化失语症"现象出现。

对外交流中"翻译中国"，需要用英语来表达中国文化的本土概念。比如，党的二十大报告提出的新概念"马克思主义中国化时代化"是"to adapt Marxism to the Chinese context and the need of our times"，用通俗的词语和英文固有的句式表达，易于英文读者理解；使马克思主义适应中国国情和时代需要。"平安中国"是 Peaceful China Initiative，增加了 initiative，让读者明白"平安中国"是一种解决问题的具体方案和行动倡议。

重视文化安全，首先要从语言安全开始。翻译中正确运用汉语标点符号，以通顺的语句传递中华文化，以准确的概念讲述当代中国，在英译文中也以中国概念讲述中国故事、传达中国文化的价值观，促进中外文化平等交流。这样既有利于传播中国文化理念，又有利于译文读者接受，是原语和译入语"各美其美，美美与共"的语言实践。

参考文献
Bibliographies

著作

[加]卜正民：《纵乐的困惑：明代的商业与文化》，方骏、王秀丽、罗天佑译，广西师范大学出版社，2016。

[美]布鲁克·诺艾尔·摩尔、理查德·帕克：《批判性思维》，朱素梅译，机械工业出版社，2015。

戴锦华、王炎：《返归未来：银幕上的历史与社会》，生活·读书·新知三联书店，2019。

方梦之主编：《中国译学大辞典》，上海外语教育出版社，2011。

丰子恺：《译者序》，载[俄]屠格涅夫：《初恋》，丰子恺译，中国青年出版社，2016。

郝景芳：《人之彼岸》，中信出版社，2017。

何镇飚：《媒介安全论》，中国传媒大学出版社，2009。

[美]贺萧：《记忆的性别：农村妇女和中国集体化历史》，张赟译，人民出版社，2017。

[德]J. G. 赫尔德：《论语言的起源》，姚小平译，商务印书馆，1999。

[美]乔治·莱考夫、[美]马克·约翰逊：《我们赖以生存的隐喻》，浙江大学出版社， 2015.

连淑能：《英汉对比研究》（增订本），高等教育出版社，2012。

[美]斯诺：《西行漫记：英汉对照》，董乐山译，外语教学与研究出版社，2005。

[美]威尔伯·施拉姆、[美]威廉·波特：《传播学概论》（第二版），英文影印本，北京大学出版社，2007。

石定乐、蔡蔚、王纯林编著：《实用商务英语英汉互译》，北京理工大学出版社，2006。

石毓智：《汉语春秋：中国人的思维软件》，江西教育出版社，2015。

[印] 泰戈尔：《飞鸟集》（英汉对照），陆晋德译，译林出版社，2011。

王安忆：《戏说：王安忆谈艺术》，东方出版中心，2021。

王宏印译编：《西北回响：汉英对照新旧陕北民歌》，文化艺术出版社，2009。

许钧、穆雷主编：《翻译概论》，湖北教育出版社，2009。

许钧：《翻译论》（修订本），译林出版社，2023。

许渊冲：《中诗英韵探胜》（第 2 版），北京大学出版社，2010。

[美] 姚平：《唐代的社会与性别文化》，北京大学出版社，2018。

郑也夫：《信任论》，北京：中国广播电视出版社，2006。

邹振东：《弱传播：舆论世界的哲学》，国家行政学院出版社，2018。

Hatim, Basil & Ian Mason. *Discourse and the Translator.* Shanghai: Shanghai Foreign Language Education Press, 2001.

Nida, Eugene A. *Signs, Sense, Translation.* Cape Town: Bible Society of South Africa, 1984.

Nida, Eugene A. *Toward a Science of Translating.* Shanghai: Shanghai Foreign Language Education Press, 2001.

Nida, Eugene A. & Charles R. Taber. *The Theory and Practice of Translation.* Shanghai: Shanghai Foreign Language Education Press, 2004.

文章

贾文山：《在交流互鉴中扩大文化"朋友圈"》，《人民论坛》2017 年第 16 期，第 134—135 页。

林少华：《审美忠实与"捧金鱼"——我的翻译观和村上的翻译观》，《读书》2022 年第 5 期，第 75—80 页。

翁显良：《意态由来画不成？——文学风格可译性问题初探》，《中国翻译》1981 年第 2 期，第 1—7 页。

王晓路：《论翻译的历史文化功能：认知模式与知识谱系》，《外语教学与研究》2021 年第 2 期，第 263—272，320 页。

许渊冲：《新世纪的新译论》，《中国翻译》2000 年第 3 期，第 2—6 页。

电子资源

https://www.chinadaily.com.cn.

时文欣赏

On 2 September 2018, *the Sunday Telegraph* and its website published a signed article by Ambassador Liu Xiaoming, entitled "Beijing Summit a milestone for China and Africa". The full text is as follows:

2018年9月2日，英国主流报纸《星期日电讯报》纸质版和网络版同时刊登驻英国大使刘晓明题为《北京峰会标志中非关系新的里程碑》（*Beijing Summit: A Milestone for China and Africa*）[1] 的署名文章。中英文对照全文如下：

Beijing Summit: A Milestone for China and Africa
北京峰会标志中非关系新的里程碑

by Liu Xiaoming
作者 刘晓明

Beijing is again in the spotlight as it is hosting a summit of the Forum on China-Africa Cooperation (FOCAC) tomorrow and Tuesday. In a diplomatic career lasting more than 40 years, I served in two African countries and have seen with my own eyes the growth of China-Africa relations and the benefits of the ever-deepening cooperation between the two sides. As a trustworthy friend and sincere partner of Africa, China has upheld four principles.

中非合作论坛北京峰会将于9月3日至4日举行，世界目光将再次聚焦北京。我在40多年外交生涯中，曾两次常驻非洲，亲历了中非关系的历史发展进程，切身体会到中非合作不断深化给双方人民带来的好处。中国发展对非关系，始终把握"四个坚持"，永远做非洲的可靠朋友和真诚伙伴。

---

1 本文中、英文均版刊载于中华人民共和国驻大不列颠及北爱尔兰联合王国大使馆官网。中文版网址：http://gb.china-embassy.gov.cn/dssghd/Ambassador2018/201809/t20180903_3375633.htm；英文版网址：http://gb.china-embassy.gov.cn/eng/tpxw/ 201809/t20180903_3145128.htm，检索于2022-04-13。

The first principle is equality. A saying in Africa goes, "A river runs deep, thanks to its source." The source of the deep-running China-Africa friendship is that the two sides have helped and supported each other and shared weal and woe in the pursuit of national independence and development. Tazara, the rail road between Tanzania and Zambia, is a testimony to the strong brotherhood between China and Africa. While working in Africa, I had the honour to attend the handover ceremony of Tazara and witnessed the dedication of this historic monument of China-Africa friendship.

一是坚持平等相待。非洲有句谚语，"河有源泉水才深"。中非是互帮互助的好伙伴，双方友好源远流长，特别是在争取民族独立解放、实现发展振兴的道路上，始终患难与共、相互支持，结下了深厚的兄弟情谊。当年，我曾有幸参加坦赞铁路的交接仪式，见证了这座中非友谊的历史丰碑。

China and Africa are true friends who respect each other's choice of development path and never impose their will on each other. Africa belongs to the African people, and African issues should be determined by the African people. China never preaches at or exports its model to Africa, nor does China attach any political strings to China-Africa cooperation.

中非是相互尊重的真朋友，双方尊重各自选择的发展道路，不把自己的意愿强加给对方。中国主张，非洲是非洲人的非洲，非洲的事情由非洲人说了算。中国绝不当"教师爷"，不搞模式输出，也不给对非合作附加政治先决条件。

The second principle is win-win cooperation. A Chinese adage goes, "It is difficult to lift a heavy object alone; it is easier if you do it with many others." China and Africa's cooperation has been mutually beneficial. It has been conducive to China's development. It has also helped tackle Africa's development bottlenecks, such as inadequate infrastructure, capital shortage and lack of expertise, and improve Africa's capability of long-term, sustainable development.

二是坚持合作共赢。中国有句古话，"孤举者难起，众行者易趋"。中国将自身发展与非洲长远发展结合起来，通过互利合作帮助非洲破解基础设施滞后、资金短缺、人才不足的发展瓶颈，提升非洲自主可持续发展能力。

China has been the largest trading partner of Africa for nine consecutive years. In 2017, two-way trade reached $170 billion (131 billion pounds). China's investment stock in Africa has surpassed $100 billion. China-Africa cooperation on the Belt and Road Initiative has been thriving, delivering tangible results such as the Addis Ababa-Djibouti Railway, the Mombasa-Nairobi Standard Gauge Railway and the Hisense Home Appliances Industrial Park in South Africa.

中国已连续九年成为非洲第一大贸易伙伴国，2017年中非贸易额达1700亿美元。中国对非投资存量已超过1000亿美元。中非"一带一路"合作方兴未艾，亚吉铁路、蒙内铁路、海信南非工业园等项目顺利推进，给非洲各国人民带来新的福祉。

The third principle is honouring commitment. There is no shortage of international mechanisms dedicated to African development. Making promises is not enough. It is more important to deliver. China has built hundreds of schools and hospitals, provided training to over 160,000 people and offered government scholarships to over 20,000 students in Africa. At the outbreak of Ebola in Africa, China took prompt action to provide 750 million RMB yuan in aid (85 billion pounds). Chinese medical teams have been working in Africa since 1960s and have helped cure more than 300 million patients. Since 2016, China has provided emergency food aid to 18 African countries hit by natural disasters. When I was Ambassador to Egypt, the China-built distance learning project was completed and provided strong support for the country's capability of human resource training.

三是坚持重信守诺。国际对非合作机制很多，不缺承诺，关键是将承诺落到实处。中国已为非洲援建数百所学校和医院，培训人才16万多人，提供政府奖学金名额2万多个；在非洲抗击埃博拉行动中率先行动，提供了7.5亿元人民币的支持和援助；从20世纪60年代起向非洲派遣医疗队，医治患者已逾3亿人次；2016年以来向18个遭受自然灾害的非洲国家提供了紧急粮食援助。我至今还记得，我任驻埃及大使期间，中国向埃及援建远程教育项目，为埃及提升人力资源培训能力提供了有力支持。

The fourth principle is openness and inclusiveness. China-Africa cooperation is open and transparent and excludes no one. China stands ready to work with all countries that care for Africa and leverage its resources and advantages to help with Africa's development. In fact, China and the UK have engaged in extensive cooperation in this regard. Some people in the West blame China-Africa cooperation for Africa's debt problem, just as Aesop's fox claims that the grapes beyond its reach are sour. The fact is that the debt problem is a result of complex causes, including the "growing pains" and the influence of global economy.

四是坚持开放包容。中国对非合作光明磊落，不搞封闭排他。中国欢迎并愿意同任何关心和帮助非洲的国家一道，发挥各自资源和优势，助力非洲发展。中英在这方面就有不少合作。但西方总有些人怀着"酸葡萄"心理对中非合作指手画脚，比如将非洲国家债务问题归咎于中国。事实上，非洲国家的债务问题成因复杂，既是发展过程中"成长的烦恼"，也受国际经济大环境影响。

China has been a responsible investor and lender in Africa. At the same time, China has taken measures to help Africa control debt risks and to alleviate debt pressure, having announced a number of cancellations of debt on interest-free loans involving heavily indebted poor countries and least developed countries in Africa. Since the Johannesburg Summit of FOCAC, China has exempted more than 20 African countries from paying off interest-free loans due by the end of 2015.

中国一贯以负责任态度向非洲提供投融资，同时帮助非洲防范债务风险，减轻、减缓偿债压力。中国多次宣布免除非洲重债穷国和最不发达国家的无息贷款债务，中非合作论坛约翰内斯堡峰会以来免除了20多个非洲国家2015年底到期的无息贷款债务。

Amid increasing instabilities and uncertainties in the world and surging unilateralism and protectionism, the FOCAC Beijing Summit to be held at the beginning of September assumes great significance. The theme of this Summit is "China and Africa: Toward an Even Stronger Community with a Shared Future through Win-Win Cooperation". Following the principles of extensive consultation, joint contribution and shared benefits, it will focus on matching China-Africa cooperation on the Belt and Road Initiative and the 2030 Agenda for Sustainable Development with the Agenda 2063 of the African Union and development strategies of African countries. New measures for business cooperation will be issued, which will mark the beginning of a new chapter of deeper China-Africa brotherhood.

当前，国际形势中不稳定、不确定因素增多，单边主义和保护主义愈演愈烈。在此背景下，即将举行的中非合作论坛北京峰会具有重要意义。北京峰会将以"合作共赢，携手构建更加紧密的中非命运共同体"为主题，坚持共商共建共享原则，重点将中非共建"一带一路"、联合国2030年可持续发展议程、非盟《2063年议程》与非洲各国发展战略相结合，出台中非务实合作新举措，奏响中非人民亲如一家新旋律。

With the joint efforts of China and Africa, the Beijing Summit will become a new milestone in the history of China-Africa relations. It will be a new contribution to better development, high-standard cooperation and an even stronger community for China and Africa, with a view to forging a community with a shared future for mankind.

相信在中非共同努力下，北京峰会将成为中非关系史上新的里程碑，推动中非实现更高质量的发展、更高水平的合作，携手构建更加紧密的中非命运共同体，为构建人类命运共同体做出应有贡献。

图书在版编目（CIP）数据

翻译与传播进阶手册 / 郭小春著. -- 杭州：浙江
大学出版社，2024. 12. -- ISBN 978-7-308-25581-3

Ⅰ. H059-62；G206-62

中国国家版本馆CIP数据核字第2025F35T23号

中华译学馆 莫言题

翻译与传播进阶手册

郭小春　著

策划编辑	包灵灵
责任编辑	包灵灵
责任校对	田　慧
封面设计	林智广告
出版发行	浙江大学出版社
	（杭州市天目山路148号　邮政编码310007）
	（网址：http://www.zjupress.com）
排　　版	杭州林智广告有限公司
印　　刷	杭州高腾印务有限公司
开　　本	880mm×1230mm　1/32
印　　张	6
字　　数	240千
版 印 次	2024年12月第1版　2024年12月第1次印刷
书　　号	ISBN 978-7-308-25581-3
定　　价	48.00元